**la ville
les monuments
les musées
les Médicis**

Florence

TEMPO LIBERO
by sillabe

12 itinéraires florentins

(*) panorama
en italique… les Musées

© 2006 **sillabe** s.r.l.
Livorno
www.sillabe.it
info@sillabe.it

Direction éditoriale : *Maddalena Paola Winspeare*
Textes : *Ethel Santacroce*
Atelier des Pierres Dures et Biographies des Médicis : *Monica Guarraccino*
Conception graphique : *Laura Belforte*

Rédaction : *Giulia Bastianelli*
Traduction : *Marie-France Merger*

Photographies : *Archivio Sillabe: Foto R. Bardazzi, P. Nannoni, N. Orsi Battaglini, Rabatti & Domingie, G. Valsecchi, S. Zinelli*

ISBN 88-8347-310-8

FIORENZA

Vue panoramique dite « de la Chaine », *Musée « Firenze com'era »*

Piazza della Repubblica, Colonne de l'Abondance, *située sur l'ancien forum romain*

Tour de la Castagna

Niche de S. Marie de la Trompette (Palais de l'Arte della Lana)

Vestiges des remparts du XIIe s. et la Tour Mascherino

D'origine étrusque, Florence doit sa vraie naissance aux Romains qui, en 59 av. J.C. ont installé le long de l'Arno un camp militaire (*Florentia*). On peut retrouver encore aujourd'hui l'empreinte romaine sur la Piazza della Repubblica à l'emplacement de la colonne, entre la rue de Rome – rue Calimala (le *cardo maximus)* et la rue Strozzi – via del Corso (le *decumanus maximus*).

Florence fut assiégée en 405 par les Ostrogoths qui ne réussirent pas cependant à envahir la ville entourée d'imposants remparts ; elle dut subir les assauts des Byzantins (535) puis des Goths qui s'en emparèrent en 541.

À l'époque carolingienne (VIIIe s.), la ville fut intégrée au Saint Empire Romain et, durant la période communale, elle fut soumise au pouvoir de la comtesse Mathilde de Canossa; ce n'est qu'à sa mort, en 1115, qu'elle réussit à devenir une Commune indépendante: elle fut gouvernée par les représentants des grandes familles nobles ou marchandes et les puissants dignitaires de l'Église.

La ville fut souvent l'objet de luttes pour le partage du pouvoir entre deux factions: les Guelfes (fidèles au Pape) et les Gibelins (favorables à l'Empereur). Ces luttes aboutirent souvent à des batailles remportées tantôt par les Guelfes, tantôt par les Gibelins. L'une des victoires les plus célèbres est celle que les Gibelins ont gagnée à Montaperti en 1260. En

1289, à Campaldino, les Guelfes ont battu les forces armées d'Arezzo et ont fait ainsi de Florence la ville la plus puissante de la région.

Malgré ces luttes intestines, Florence commença à devenir de plus en plus importante grâce au commerce de la laine et de la soie : elle devint célèbre dans toute l'Europe. En 1252, elle frappa sa propre monnaie en or : le florin ; sur la face était représentée la fleur d'iris, symbole de la ville ; sur le revers, *Saint Jean Baptiste*, patron et protecteur de la ville.

Avec le progrès économique, le gouvernement de Florence (1282) passa aux mains des sept *Arti Maggiori* : il s'agissait de corporations d'artisans réunissant des banquiers, de riches marchands et les financiers des grands souverains européens. En 1293, les nouveaux riches annoblis ayant fait fortune grâce au commerce obtinrent les *Ordonnances de justice* qui conduisirent à exclure du pouvoir les grandes familles de la vieille aristocratie.

Cependant, avec la Guerre de Cent Ans et la crise des banques florentines qui avaient financé l'insolvable roi d'Angleterre, Édouard III, et après la violente épidémie de peste de 1348, le petit peuple commença à s'agiter et à se révolter contre la bourgeoisie (*popolo grasso*) des *Arti Maggiori :* l'un des soulèvements les plus célèbres est celui des 'Ciompi' (1378). Les artisans travaillant la laine ont réussi à créer d'autres corporations *(Arti)* et à participer au gouvernement. Cependant, les nouvelles corporations furent assez rapidement abolies et le pouvoir fut à nouveau aux mains de quelques grandes familles célèbres. La ville se divisa en deux factions : celle de la vieille oligarchie regroupée autour de la famille des Albizi et celle du petit peuple qui soutenait la famille des Médicis : originaire du Mugello, celle-ci réunissait des banquiers enrichis grâce au commerce. Avec la conquête de Pise et de Livourne, la *République de Florence* disposa de débouchés maritimes et c'est avec Cosme l'Ancien de Médicis qu'elle devint de fait une Seigneurie et qu'elle commença à connaître un extraordinaire développement politique et

culturel. Cosme gouverna en effet de son palais situé Via Larga (Palais Médicis Riccardi) et le Palazzo Vecchio (ou Palais de la Seigneurie), siège de la magistrature, perdit irrémédiablement de son importance. Au cours de la seconde moitié du XVᵉ s., ce fut le petit-fils de Cosme l'Ancien, Laurent – dit Laurent le Magnifique – qui consolida la suprématie de la famille et le prestige de la ville grâce à une intense activité diplomatique. Son fils et successeur, Pierre, fut chassé au lendemain de l'arrivée des troupes de Charles VIII (1494), troupes face auxquelles il avait opposé une faible résistance. Les Florentins s'insurgèrent contre la présence étrangère et furent aussi influencés par les sermons du Frère Savonarole qui finira par être excommunié et condamné à être brûlé vif sur la Piazza della Signoria. La *République* fut rétablie jusqu'en 1512, année marquée par le retour des fils de Laurent le Magnifique, Jean (le futur pape Léon X) et Julien. Mais tous deux furent contraints de s'exiler en 1527 et de s'installer à Rome. C'est à cette époque-là que les Médicis devinrent de plus en plus puissants à Rome et le fils illégitime de Julien – Jules de Médicis – fut à son tour élu pape sous le nom de Clément VII. Après avoir subi le sac de Rome en 1527, Clément VII s'allia en 1530 à l'empereur Charles Quint pour reconquérir Florence qui capitula deux ans plus tard. Avec le retour des Médicis, la ville devint un *duché* sous Alexandre Iᵉʳ puis, un *grand-duché* (1532), sous le règne de Cosme Iᵉʳ, le fils de Jean des Bandes Noires, descendant de la branche cadette de la famille. Cosme réussit à étendre la domination de Florence jusqu'à Sienne. Sous son règne et sous celui de ses successeurs, François Iᵉʳ et Ferdinand Iᵉʳ, la ville fut l'objet de nombreux travaux d'urbanisme et elle connut une période de prospérité économique et de splendeur culturelle qui se prolongea jusqu'en 1737, date de la mort de Jean Gaston, le dernier représentant de la famille, disparu sans héritier. Le grand-duché de Toscane est alors confié au duc de Lorraine, François, époux de Marie-Thérèse, impératrice d'Autriche. Avec ce prince commence une période de liens étroits avec la bran-

che Lorraine de la Maison des Habsbourg. La ville fut gouvernée par un Conseil de régence jusqu'en 1765, date de l'arrivée au pouvoir de Pierre Léopold, le second fils de Marie-Thérèse. Ce dernier fut à l'origine de réformes administratives et fiscales et le grand-duché connut aussi d'importantes transformations agricoles. La Révolution française fit que le grand-duché passa sous la domination française avec le gouvernement d'Elisa Baciocchi, sœur de Napoléon. Avec Ferdinand III, la Maison de Lorraine revint au pouvoir et y resta jusqu'en 1860, date de l'annexion du grand-duché au Royaume d'Italie de Victor Emmanuel II. Devenue pendant quelques années capitale de l'Italie (1865-1870), Florence connut d'importants travaux d'urbanisme qui conduisirent à la construction de nouveaux palais et de nouvelles rues et à la démolition des remparts et de vieux quartiers ; parallèlement, le développement économique s'est effectué aux dépens des petits artisans et au profit des grandes industries.

Durant la Seconde Guerre mondiale, Florence a été souvent le théâtre d'accrochages entre les forces de la Résistance et les troupes allemandes ; elle a subi également de lourds bombardements qui ont détruit les vieux quartiers mais qui ont épargné le Ponte Vecchio. Symbole de la ville aujourd'hui, ce pont a résisté aussi à la terrible inondation de 1966.

B. Poccetti et ses élèves, Plan de Livourne, *Palais Pitti, Salle de Bône*

Peintre florentin, Place de la Seigneurie et le martyre de Savonarole, *Musée de San Marco*

O. Vannini, Laurent en compagnie des artistes, *détail, Palais Pitti, Musée de l'Argenterie*

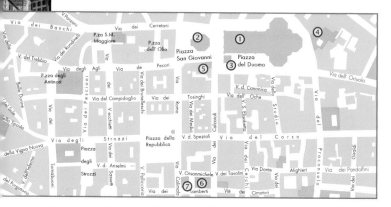

PIAZZA DEL DUOMO ET PIAZZA DI S. GIOVANNI

C'est le centre religieux de la ville : il s'agit de deux places reliées entre elles et c'est là que se trouvent trois des monuments les plus importants de Florence.

❶ BASILIQUE S. MARIA DEL FIORE OU CATHÉDRALE (heures d'ouverture : 10h.-17 h.)

La première chose qui nous frappe en regardant ce monument, c'est son caractère imposant : 153 m. de longueur, 38 de largeur aux nefs et 90 à la hauteur du transept ; elle peut contenir 30.000 personnes, ce qui en fait l'une des plus grandes cathédrales du monde.

L'église actuelle a été édifiée sur les restes d'une église plus ancienne consacrée à sainte Réparate (IVe-Ve s.) dont on a trouvé des traces dans la partie antérieure de la nef lors des fouilles de 1966 ; on y accède par la crypte tout de suite à l'entrée sur la droite.

Le début des travaux date de 1296 ; il s'agit de l'œuvre de l'architecte **A. di Cambio** qui commença aussi en même temps le Palais de la Seigneurie. La construction continua, avec bien des interruptions, pendant 140 ans (c'est le pape Eugène IV qui consacra l'église en 1436) et il y eut une succession d'architectes illustres qui ont dirigé les travaux : **Giotto**, de 1334 à 1337 environ, **A. Pisano**, **F. Talenti** et **L. Ghini**. Mais ce n'est qu'en 1887 que l'architecte **E. De Fabris** réalisa l'actuelle façade en marbre de style néogothique.

Pour la FAÇADE, De Fabris reprit le dessin d'A. di Cambio ayant pour thème la glorification de la Vierge. Au-dessus des portes principales se trouve une *Galerie des Apôtres* dont l'édicule central représente une *Vierge à l'Enfant*.

Dans le tympan se trouvent le bas-relief du *Père éternel* et les bustes d'artistes célèbres, tandis que dans les niches des pilastres on peut voir des images de religieux qui lièrent leur vie à la construction de la cathédrale.

Les portes en bronze représentent la *Vie de Marie* et sont d'A. Passaglia et de G. Cassioli (fin XIXe s.).

L'INTÉRIEUR est de style gothique, en croix latine avec trois nefs séparées par des piliers surmontés d'arcs. Le pavement est en marbres polychromes, il est attribué à **B. d'Agnolo**.

Avant la CHAPELLE DE LA CROIX (Cappella della Croce), dans la tribune de gauche se trouve une méridienne qui servait aux études d'astronomie des savants de l'époque.

La FAÇADE INTERNE présente trois vitraux ronds dessinés par Ghiberti ; l'*horloge* avec des têtes de prophètes de **P. Uccello** (1443) est assez curieuse. Dans la partie inférieure se trouvent une lunette représentant la *Vierge couronnée* de **G. Gaddi** et le tombeau de l'évêque *Antonin d'Orso* (1321).

BAS-CÔTÉ DROIT: *buste de Filippo Brunelleschi* (1446) par **Buggia-**

no, le *buste de Giotto* (1490) par **B. da Maiano** et un très beau *bénitier* gothique du XIVᵉ s.

L'INTÉRIEUR DE LA COUPOLE est décoré de fresques ; c'est **G. Vasari** qui y travailla à partir de 1572, mais c'est F. Zuccari qui les acheva en 1579, avec des scènes du *Jugement dernier*.

Dans le bas-côté s'ouvre la porte qui permet de monter à la COUPOLE par un escalier étroit de 463 marches ; de là on peut admirer une vue splendide sur la ville.

Les vitraux colorés des oculi du tambour furent exécutés d'après des cartons d'artistes de la Renaissance comme L. Ghiberti, P. Uccello et A. del Castagno.

Au MILIEU DE LA CLÔTURE OCTOGONALE le *chœur en marbre* et le *maître-autel* sont des œuvres de **B. Bandinelli** et de **G. Bandini** ; le crucifix en bois sur l'autel est une œuvre de **B. da Maiano** (1497).

Dans la TRIBUNE CENTRALE sous l'autel, un sarcophage en bronze (1430-1440) contenant les reliques de saint Zanobi, le premier évêque de Florence, est de Ghiberti.

Les trois tribunes autour de la croisée sont séparées par deux sacristies : la VIEILLE SA-CRISTIE (ou sacristie des Chanoines) et la NOU-VELLE SACRISTIE (ou sacristie des Messes). Les deux entrées sont surmontées de lunettes en terre cuite émaillée dues à **L. della Robbia** (v. 1444), représentant respectivement l'*As-cension* et la *Résurrection*. Dans la quatrième travée du BAS-CÔTÉ GAUCHE se trouve une pein-ture de **D. di Michelino** : *Dante Alighieri et la ville de Florence, l'Enfer, le Purgatoire et le Paradis* (1465). En continuant vers la sortie, on peut voir deux autres fresques monochro-mes, représentant deux illustres 'condottieri' : *Giovanni Acuto* par **P. Uccello** (1436) et *Nic-colò da Tolentino* par **A. del Castagno** (1456). Vient ensuite le buste de l'organiste *Antonio Squarcialupi* de **B. da Maiano** (1490).

Celui d'*Arnolfo di Cambio* par **U. Cambi** est plus récent (1843) ainsi que celui d'*Emilio de Fabris* par **V. Consani** (1887). Dans le BAS-CÔTÉ GAUCHE on peut admirer l'édicule dédié à saint Zanobi.

COUPOLE (*PANORAMA)

Avec ses 115 m. de hauteur et ses 45 m. de diamètre, la célèbre coupole de F. Brunel-leschi, dont la pierre tombale se trouve dans la crypte, se dresse au-dessus du grand tam-bour octogonal entre les arêtes.

Sa construction a été commencée en 1420 ; Brunelleschi avait gagné le concours qui avait été ouvert deux ans auparavant avec un projet innovateur qui prévoyait l'utilisation d'une structure autoportante à double voûte : la structure de la coupole se compose en ef-fet de 8 panneaux et de 8 nervures extérieu-res en marbre avec des assises de briques disposées en arêtes de poisson pour donner plus de solidité. Les travaux se prolongèrent jusqu'en 1436, l'année où Brunelleschi com-mença aussi le dessin de la lanterne qui allait surmonter la coupole. C'est **Verrocchio** qui acheva la construction de la lanterne avec la pose d'un globe en bronze doré en 1471.

Cathédrale :

G. Vasari et F. Zuccari, Jugement dernier, *détail*

D. di Michelino, Dante Alighieri et la ville de Florence, l'Enfer, le Purgatoire et le Paradis

Buggiano, Buste de Brunelleschi

P. Uccello, Monument à Giovanni Acuto

Sacristie des Messes

❷ Baptistère

C'est un exemple d'architecture romane du XIe s., de forme octogonale, de 26 m. de diamètre. Il est couvert d'une toiture en forme de pyramide, surmontée d'une lanterne à colonnes et il est revêtu de marbres verts et blancs. C'était la cathédrale de la ville jusqu'en 1128 : elle était dédiée à saint Jean Baptiste et c'est là que furent baptisés bien des personnages illustres de Florence parmi lesquels il faut citer Dante.

L'intérieur est un espace unique décoré de marbres et de mosaïques dorées en style byzantin sur la voûte. On peut voir des scènes représentant les *Hiérarchies célestes*, les *Histoires de la Genèse*, les *Vies de Marie et de Jésus*, la *Vie de saint Jean Baptiste et le Jugement dernier*.

Les fonts baptismaux en marbre de 1371 sont attribués à l'école pisane, tandis que le *Tombeau de l'antipape Jean XXIII* est de **Donatello** et de **Michelozzo**. Une grille dans le pavement permet de voir les restes d'une maison (murs et pavement de mosaïque) d'époque romaine.

La construction présente trois PORTAILS EN BRONZE : la porte sud est l'œuvre d'**A. Pisano** ; elle date de 1336, elle est divisée en 28 compartiments où sont représentées la *Vie de saint Jean Baptiste*, les *Vertus cardinales et théologales* ; les deux autres ont été réalisées par **Ghiberti** entre 1403 et 1452. La porte nord, dite *porte à la Croix*, représente 20 scènes du *Nouveau Testament* et 8 panneaux avec les *Pères de l'Église* et les *Évangélistes*.

La *porte du Paradis* (côté est), c'est ainsi que Michel-Ange l'a définie. Ghiberti adopta pour les 10 panneaux une perspective réalisée avec la technique du 'schiacciato' en saillie (un trompe-l'œil) et en bronze doré. Les bas-reliefs représentent des *Scènes de l'Ancien Testament* entourées d'un cadre avec 24 niches représentant des personnages bibliques et 24 portraits d'artistes parmi lesquels se trouve l'autoportrait de Ghiberti (il

Mosaïstes vénitiens, mosaïques de la voûte du Baptistère

Musée de l'Œuvre de S. Maria del Fiore :

A. di Cambio, Vierge à l'Enfant

Michel-Ange, Pietà

Donatello, Marie Madeleine

est chauve, d'âge mûr, c'est le quatrième en partant du haut, sur le côté droit du battant gauche).

❸ CAMPANILE DE GIOTTO
À droite de la cathédrale se dresse le Campanile, dit 'de Giotto', car c'est cet artiste qui l'a projeté et commencé en 1334. Il est de forme carrée et s'élève jusqu'à 84 m. ; après avoir gravi 414 marches, on arrive à la terrasse et on peut jouir d'un *PANORAMA extraordinaire sur toute la ville. Giotto réussit à terminer la première partie de la base avec les panneaux hexagonaux. C'est F. Talenti qui acheva les travaux en 1359. Les bas-reliefs à la base représentent les *Planètes*, les *Vertus*, les *Activités humaines*, les *Arts libéraux* et les *Sacrements*.

❹ MUSÉE DE L'ŒUVRE DE S. MARIA DEL FIORE (piazza del Duomo, 9)
Inauguré en 1891, il renferme des sculptures, des dessins et des décorations qui se trouvaient, à différentes époques, dans le Baptistère, la Cathédrale et le Campanile.
Dans la salle de l'ANCIENNE FAÇADE DU DÔME se trouvent quelques statues rassemblées après la démolition de la façade de 1587, celles d'**A. di Cambio**, **Donatello** et **N. di Banco**.
Les deux petites SALLES DE BRUNELLESCHI sont intéressantes ; elles présentent des modèles réduits en bois de la coupole, le masque funèbre de l'artiste et des outils pour la construction de la coupole. Dans les vitrines sont exposés des *Antiphonaires enluminés* datant de 1525, des pièces d'orfèvrerie et des ornements sacerdotaux.
À l'étage supérieur se trouve la *Pietà* de **Michel-Ange** (1553), une œuvre qu'il destinait à sa chapelle funéraire à Rome ; elle fut souvent déplacée et ce n'est qu'en 1980 qu'elle a trouvé place dans le musée.
Dans la SALLE DES TRIBUNES DES CHANTRES, on peut admirer celles de **L. della Robbia** et de **Donatello** (voir également sa *Marie Madeleine*,

une statue en bois de 1455). La SALLE DES PANNEAUX DU CAMAPANILE DE GIOTTO, la SALLE DE L'AUTEL, où sont conservés les panneaux de Ghiberti provenant de la porte du Paradis du Baptistère.

❺ LOGGIA DU BIGALLO (au coin de la via Calzaiuoli et de la piazza Duomo)
Elle date de la fin de la période gothique et a été commandée à **A. Arnoldi** par la Compagnie de la Miséricorde. Commencée au milieu du XIVᵉ s. pour le siège de la Confrérie, elle accueille aujourd'hui le MUSÉE DU BIGALLO qui renferme des œuvres que les capitaines du Bigallo ont acquises du XIVᵉ au XVIIIᵉ s. ; parmi celles-ci se détache la *Madone de la Miséricorde* (1342) où l'on peut admirer la vue la plus ancienne de Florence. L'extérieur est recouvert de marbre avec des bas-reliefs représentant des figures bibliques.

❻ ÉGLISE ORSANMICHELE (accès par via della Lana)
Elle est située en face de l'église S. Carlo et son nom provient de l'ancien oratoire S. Michele in Orto. En 1290, **A. di Cambio** construisit à cet endroit une 'loge-marché aux grains'. En 1380, l'édifice fut transformé en église et les arcades extérieures furent fermées. On creusa donc des niches pour accueillir les statues en bronze et en marbre

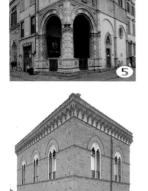

Donatello, Tribune des chantres
Église Orsanmichele :
Donatello et Verrocchio, Tabernacle de l'Incrédulité de saint Thomas
Orcagna et B. Daddi, Tabernacle de Notre Dame des Grâce

des saints protecteurs des Arts de la ville, des statues que l'on commanda aux artistes de la ville les plus importants, à partir du XVᵉ s. jusqu'au XVIIᵉ s.

On peut remarquer entre autres *Saint Matthieu*, *Saint Étienne* et *Saint Jean Baptiste* de **L. Ghiberti**, *Saint Georges* (l'original est conservé au Musée du Bargello), *Saint Pierre* et *Saint Marc* de **Donatello** ; *Saint Luc* de **Jean Bologne**, *Saint Thomas* de **Verrocchio**, et les *Quatre saints Couronnés* de **N. di Banco**. Une partie des statues sont des copies des originaux rassemblés dans les salles du Musée qui a été ouvert récemment aux étages supérieurs de l'église.

L'INTÉRIEUR de l'édifice est de forme rectangulaire, divisé en deux nefs soutenues par deux colonnes qui furent décorées de fresques au XIVᵉ s. représentant les saints protecteurs des Arts Mineurs et des scènes de l'Ancien et du Nouveau Testament.

Au fond de la NEF DROITE on peut admirer le *Tabernacle* d'A. Orcagna ; il a été exécuté entre 1355 et 1359 en forme de baldaquin, avec des décorations en or et des marbres colorés. Au milieu de l'autel, le retable représentant *Notre Dame des Grâces* est une œuvre de **B. Daddi** (1347).

La base est ornée de scènes de la vie de Marie et de ses vertus, tandis que sur le revers on peut lire la signature de l'artiste.

Il reste encore des traces qui rappellent que cet édifice était le marché aux grains : le boisseau à la porte nord et les bouches d'écoulement sur le côté nord.

❼ PALAIS DE L'ARTE DELLA LANA (Art de la laine) (1308)

Situé à côté d'Orsanmichele, il y est relié par un passage surélevé ; c'est le palais de la plus riche des sept corporations ('Arti Maggiori'). Il a la forme d'une maison-tour et aujourd'hui il est le siège de la *Société Dante Alighieri* comme en témoigne, à l'extérieur, une fresque représentant le poète.

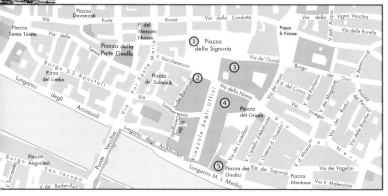

❶ PIAZZA DELLA SIGNORIA

Aujourd'hui encore cette place est considérée comme le centre politique de la ville.

À gauche, nous trouvons la *Statue équestre de Cosme Ier* (1594) du flamand **Jean Bologne** ; une fontaine en marbre (1575) de **B. Ammannati** représentant *Neptune* (appelé le 'Biancone') sur un char tiré par des chevaux marins ; à ses pieds sur les bords de la vasque, des satyres et des nymphes en bronze. Une plaque ronde en granit, placée en face de la fontaine, rappelle le lieu où Savonarole, le frère moralisateur des mœurs florentines, fut brûlé vif en 1498.

Sur le grand escalier qui mène au palais, on peut admirer de gauche à droite : le *Marzocco*, c'est-à-dire un lion qui fut aussi l'un des symboles de la ville (quelques lions vivants se trouvaient sur le derrière du palais). L'original dû à **Donatello** et datant de 1438 est conservé au Musée du Bargello. Puis une copie récente en bronze de *Judith et*

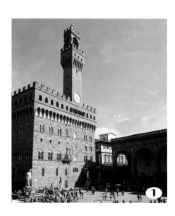

Holopherne (1460), toujours de Donatello ; l'original se trouve dans la salle des Lys à l'intérieur du palais. Une copie en marbre du *David* de **Michel-Ange** (l'original est conservé à la Galerie de l'Académie), puis le groupe d'*Hercule et Cacus* par **B. Bandinelli** (1534).

❷ Loggia des Lanzi

Dite aussi 'Loggia de la Seigneurie', elle était destinée aux assemblées et aux cérémonies publiques sous la Seigneurie ; elle fut construite par B. di Cione et S. Talenti entre 1376 et 1382 d'après un dessin d'A. dell'Orcagna. Après la chute de la République, les Lansquenets du duc Alexandre Ier de Médicis y tinrent leur garnison, de là le péjoratif des 'Lanzi'. C'est Cosme Ier qui changea la fonction de la loggia : elle devint un endroit pour les artistes et les sculpteurs.

C'est une construction du gothique tardif, elle est décorée de panneaux lobés avec des écussons de la République symbolisant les Vertus théologales et cardinales. À partir de la droite, on peut admirer un groupe de **Jean Bologne** : l'*Enlèvement des Sabines* (1583), puis toujours du même artiste, la statue d'*Hercule et le Centaure* (1599). On trouve une copie hellénistique représentant *Ménélas soutenant le corps de Patrocle*, tandis que l'*Enlèvement de Polyxène* plus récent (1866) est dû au sculpteur **P. Fedi**. Sous l'arche gauche un chef-d'œuvre en bronze de **B. Cellini** : *Persée* qui montre la tête de la Méduse qu'il vient de tuer (1554). Sur la bandoulière est inscrit le nom de l'artiste et la date de l'œuvre. Sur le mur du fond, des statues de femme d'époque romaine.

❸ Palazzo Vecchio

Avec sa forme en parallélépipède, le caractère grandiose de ce palais que l'on appelle aussi Palais des Prieurs s'impose sur toute la place. L'ouvrage conçu en 1293 comme un monument public pour accueillir les Prieurs fut commencé par **A. di Cambio** en 1299 ; il devint palais

de la Seigneurie au XVe s. et fut appelé 'Vecchio' (Vieux) lorsque Cosme Ier décida de déplacer sa demeure au Palais Pitti (1565). De 1865 à 1870 il a été le siège du parlement italien lorsque Florence fut la capitale de l'Italie. Depuis 1872, c'est là que se trouvent les bureaux de l'hôtel de ville.

L'édifice se présente comme une construction fortifiée avec une majestueuse tour (1310) haute de 94 m. ; revêtu de bossage rustique en 'pierre forte' il comprend trois étages dont deux sont ornés de fenêtres géminées en marbre. Dans la partie supérieure, on peut voir une série d'arceaux en encorbellement décorés avec les neuf écussons de la République florentine qui sont surmontés d'une galerie protégée par des créneaux guelfes.

À partir de 1453, le palais fut agrandi à diverses reprises, grâce aux travaux de Michelozzo, puis avec ceux plus importants de Vasari en 1558, et enfin avec ceux de B. Buontalenti en 1588.

C'est à Vasari que l'on doit la décoration de la PREMIÈRE COUR avec des grotesques et des murs ornés de fresques présentant des vues de villes de l'Empire des Habsbourg, peintes en 1565 à l'occasion des noces de François Ier de Médicis avec Jeanne d'Autriche. Au milieu de la cour s'élève la fontaine du *Putto tenant un dauphin* de **Verrocchio**. On passe ensuite à la COUR DE LA DOGANA où se trouve la girouette avec un lion et un lys, qui était placée à l'origine au sommet de la tour.

SALONE DEI CINQUECENTO – Deux grands escaliers de Vasari de chaque côté de la cour mènent à la célèbre grande salle des Cinq Cents dessinée par le **Cronaca** (1495). Cet endroit (long de 53 m. et large de 22 m.) fut conçu pour les nouvelles exigences du gouvernement républicain et pour accueillir le Conseil général du peuple.

En 1563 elle devint la salle des réceptions sous Cosme Ier qui la fit orner de fresques exécutées par Vasari. L'artiste se fit aider par différents collaborateurs pour décorer les murs et le plafond avec des scènes représentant l'*Apothéose de Cosme Ier*, des allégories des quartiers

Palazzo Vecchio : *Première cour*
Salone dei Cinquecento
Cabinet de travail de François Ier

de la ville, des provinces soumises au Grand-Duché, des histoires de Florence, des épisodes des guerres contre Pise et Sienne.

TRIBUNE AUDIENCE (côté nord) – Surélevée par rapport au reste de la salle, elle était destinée au trône ducal ; les niches accueillent des statues en marbre, parmi lesquelles il faut remarquer celles de **Bandinelli** : à partir de la gauche *Cosme Ier*, puis *Jean des Bandes Noires*, *Léon X* et *Alexandre de Médicis*. En face de l'entrée le *Génie victorieux* (1534) de **Michel-Ange**, que l'artiste destinait à l'origine au tombeau du pape Jules II.

CABINET DE TRAVAIL DE FRANÇOIS Ier DE MÉDICIS (porte sur la gauche du mur d'entrée) – Décoré par Vasari et ses élèves, c'était la pièce réservée aux études scientifiques du prince. Les murs cachent les portes derrière lesquelles le prince, à l'esprit très curieux, conservait ses collections ; la décoration représentent des figures allégoriques (*Prométhée*, les *Quatre éléments*) et des activités de l'homme et aux angles de la voûte ce sont les états d'âme des hommes. Dans les lunettes on peut voir les portraits d'*Éléonore de Tolède* et de *Cosme Ier* par **Bronzino**. Les petites statues dans les niches représentent des divinités mythologiques.

Les portes cachent aussi le *Trésor* c'est-à-dire le bureau du Duc que Cosme Ier avait voulu en 1559 pour garder ses trésors ; il a été décoré aussi par Vasari avec les symboles des quatre Évangélistes.

APPARTEMENT DE LÉON X (on y accède par le 'Salone dei Cinquecento') – Formé de six pièces avec des peintures de Vasari (1562) glorifiant la famille des Médicis.

La SALLE consacrée à Léon X est décorée de fresques avec des scènes de la vie du cardinal Jean, fils de Laurent de Médicis, devenu pape en 1513, les bustes en marbre représentent des personnages de la famille Médicis.

Les autres salles sont généralement fermées à la visite car elles sont occupées par les bureaux des services municipaux ; elles com-

Chapelle d'Éléonore
Salle d'Audience
Salle des Lys

prennent la SALLE DE CLÉMENT VII avec une fresque du *Siège de Florence de 1529-1530*, la SALLE DE JEAN DES BANDES NOIRES, la SALLE DE COSME Ier, la SALLE DE LAURENT LE MAGNIFIQUE et la SALLE DE COSME L'ANCIEN, chacune de ces salles est décorée avec des portraits et des scènes de la vie des personnages auxquels elles sont dédiées.

APPARTEMENT DES ÉLÉMENTS (accès par la salle de Léon x) – Formé de cinq salles projetées par G. B. del Tasso (1550) et décorées également par Vasari et ultérieurement par ses élèves : la première, appelée salle des éléments a été décorée avec des scènes se référant aux quatre éléments, tandis que la cheminée en marbre a été dessinée par Ammannati. De la GALERIE DE SATURNE on peut admirer un panorama magnifique sur la ville. (*PANORAMA)

Parmi les autres salles il faut mentionner : la SALLE D'HERCULE et ses peintures des *Travaux d'Hercule* et un secrétaire en ébène avec des pierres dures ; la SALLE DE JUPITER, avec des tapisseries florentines du XVIe s., c'est là que se trouve l'original du *Putto tenant un dauphin* de Verrocchio; enfin la SALLE DE CÉRÈS avec des tapisseries du XVIe s et des peintures.

APPARTEMENT D'ÉLÉONORE DE TOLÈDE (accès par la galerie qui donne sur le 'salone dei Cinquecento') – Les plafonds de la SALLE VERTE sont décorés grotesqus par **R. del Ghirlandaio**, puis on pénètre dans la Chapelle avec des fresques de **Bronzino**, lequel peignit également le beau retable de 1540 à 1545. Il faut remarquer d'autres salles : la SALLE DES SABINES, la SALLE D'ESTHER avec un lavabo en marbre du XVe s. et des tapisseries florentines, la SALLE DE PÉNÉLOPE et la SALLE DE GUALDRADA, c'est une chambre dédiée à la fidélité conjugale et décorée avec des scènes de jeux et de fêtes de la Florence de l'époque dues au flamand Giovanni Stradano.

CHAPELLE DES PRIEURS OU DE LA SEIGNEURIE – Réalisée par **B. d'Agnolo** (1514), elle a été décorée de fresques avec des scènes bibliques par Ghirlandaio.

SALLE D'AUDIENCE (par la porte en marbre de la Chapelle) – Construite par **B. da Maiano**, on peut y admirer le plafond doré à caissons octogonaux avec l'écusson du Peuple florentin, réalisé par **G. da Maiano** (1478).

SALLE DES LYS – Elle se distingue par la magnifique porte en marbre, exécutée par **G. et B. da Maiano** (1481) avec des battants marquetés représentant Dante et Pétrarque. Le plafond en bois est décoré de lys dorés sur un fond bleu, symbole de la famille des Anjou. C'est ici qu'est exposé l'original de la statue en bronze *Judith et Holopherne* (v. 1460), un chef-d'œuvre de **Donatello**.

Parmi les autres salles signalons la GARDE-ROBE ou SALLE DES CARTES DE GÉOGRAPHIE où les Médicis conservaient leurs objets précieux. En descendant vers l'ENTRESOL on arrive aux trois salles consacrées à l'exposition de la *collection Loeser* (ouverture saisonnière des salles) ; elle a été donnée en 1928 à la Ville de Florence par le critique d'art américain Charles Loeser, il s'agit de peintures et de sculptures de l'école toscane (XIVᵉ-XVIᵉ s.).

❹ LES OFFICES

Les Offices sont nés de la volonté de Cosme Iᵉʳ de Médicis qui, en 1560, souhaita réunir les 13 magistratures en un seul endroit. Le travail fut commandé à Vasari qui pensa utiliser l'espace qui s'étendait vers l'Arno. L'architecte démolit les édifices qui se trouvaient sur cet emplacement et parmi lesquels il faut citer l'église romane S. Pier Scheraggio. Le projet de Vasari comprenait deux longs portiques en style dorique, qui allaient du Palazzo Vecchio à la Loggia de la Seigneurie, unis par une loggia splendide donnant sur l'Arno. (*PANORAMA)

Au fond se trouve la *Statue de Cosme Iᵉʳ* (1585) de **Jean Bologne** ; dans les niches à l'abri des piliers, des statues de personnages toscans illustres.

L'ouvrage fut achevé en 1580 par A. Parigi et B. Buontalenti qui répondirent au désir de François Iᵉʳ, le successeur de Cosme Iᵉʳ : il fal-

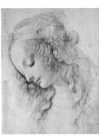

Offices :

*Corridor de la
Galerie*

A. del Castagno, La
reine Tomyris

Léonard de Vinci,
Tête de femme

lait faire des Offices une Galerie. Dans ce but fut créée la Tribune (1584), où le grand-duc exposa ses objets les plus précieux. Les bureaux se déplacèrent ailleurs et l'on forma la Galerie des statues avec des œuvres grecques et romaines. Ses successeurs agrandirent la collection de la famille avec des sculptures, des instruments de mathématique et des objets scientifiques rares. Au XVIIᵉ s. Vittoria della Rovere apporta en dot à François II un important patrimoine d'œuvres d'art, parmi lesquelles des tableaux de Raphaël, de Titien et de Piero della Francesca. Plus tard d'autres œuvres, des peintures surtout, arrivèrent avec le cardinal Leopoldo, Cosme II et Pierre Léopold. En outre, le 'Pacte de famille' (1737) entre Anne Marie Louise, la dernière des Médicis, et les Lorraine fut très important : elle léguait toute la collection médicéenne à Florence avec l'obligation qu'elle soit visible et inaliénable.

ENTRÉE ET VESTIBULE – Au rez-de-chaussée se trouvent les vestiges de l'église S. Pier Scheraggio et des fresques d'*Hommes illustres* (milieu du XVᵉ s.) d'**A. del Castagno**, parmi lesquels on peut distinguer Dante, Pétrarque et Boccace ; sur le mur de droite une peinture de **C. Cagli**, *Bataille de San Martino* (1936). À gauche, l'*Annonciation* (1481) de **Botticelli**.

CABINET DES DESSINS ET DES ESTAMPES (premier étage) collection de dessins et d'estampes d'artistes italiens et étrangers du XVe au XXe s. ; on y conserve entre autres des originaux de Léonard de Vinci, Raphaël, Michel-Ange.

SECOND ÉTAGE – Les plafonds ont été peints de grotesques par des artistes florentins du XVIe s.

SALLE 1 – Sculptures classiques d'époque romaine, on remarque une copie du *Doryphore* de Polyclète et l'*Athlète*.

SALLE 2 DU XIIIe S. ET GIOTTO – C'est une salle dont l'architecture ressemble à une église médiévale, elle rassemble, outre de très beaux crucifix, des œuvres d'artistes de l'école toscane parmi lesquels il faut distinguer **Giotto**, avec la *Vierge en majesté d'Ognissanti* (v. 1310) et le *Polyptyque de Badia* ; **Cimabue** avec la *Vierge en majesté de S. Trinita* (v. 1280-1290), et la *Madone Rucellai* de **D. di Buoninsegna** (v. 1285).

SALLE 3 DU XIVe S. SIENNOIS – C'est une salle consacrée aux élèves de Giotto et de Duccio : un splendide triptyque au fond or, l'*Annonciation* (1333) due à **S. Martini**, la *Présentation au Temple* (1342) et *Vie de saint Nicolas de Bari* (v. 1330) d'**A. Lorenzetti**, et le *Retable de la Bienheureuse Humilité* (v. 1340) et la *Madone en sa gloire* (1340 ?) de **P. Lorenzetti**.

SALLE 4 DU XIVe S. FLORENTIN – Ici ont été regroupées les peintures d'école giottesque parmi lesquelles on remarque *Sainte Cécile et scènes de sa vie* (v. 1304) attribuée au **Maestro della S. Cecilia** ; une *Vierge en majesté, anges et saints* (v. 1355) due à **T. Gaddi** tandis que **B. Gaddi** est l'auteur de la *Vierge à l'Enfant, saint Matthieu et saint Nicolas* (1328) et du *Polyptyque de S. Pancrazio*. Viennent ensuite les œuvres de **Nardo di Cione** avec la *Crucifixion* (v. 1350) et le *Triptyque de saint Matthieu*, puis celles d'Andrea di Cione, plus connu sous le nom d'**Orcagna**. Mais l'exemple le plus proche de Giotto est celui de la *Pietà* (seconde moitié du XIVe s.) de **Giottino**.

SALLES 5-6 DU GOTHIQUE INTERNATIONAL – Ce sont des salles consacrées aux peintres italiens de la fin du XIVe s.-début du XVe s., époque du gothique tardif, appelé aussi gothique 'flamboyant' du fait de sa richesse décorative. On

Doryphore, copie romaine

Giotto, Vierge en majesté d'Ognissanti

S. Martini et L. Memmi, Annonciation

G. da Fabriano, Adoration des Mages

23

P. Uccello, Bataille de S. Romano

remarque entre autres la *Crucifixion* d'**A. Gaddi**, le fils de Taddeo ; la *Vierge à l'enfant* de **J. Bellini** ; l'*Adoration des Mages* (1423) et les *Quatre saints du polyptique Quaratesi* de **G. da Fabriano,** une véritable explosion d'or et de dessins même sur le cadre, avec un fond décoré en plusieurs épisodes; le *Couronnement de la Vierge* (1414) et l'*Adoration des Mages* (v. 1420) de **L. Monaco.**

SALLE 7 DÉBUT DE LA RENAISSANCE – C'est là que se trouvent des œuvres importantes de peintres toscans du début du XVᵉ s. Signalons **P. della Francesca** avec son célèbre *Diptyque des ducs d'Urbin* (v. 1472), ce sont les portraits de Federico da Montefeltro et de sa femme Battista Sforza (sur le derrière du tableau se trouve l'allégorie du *Triomphe des Ducs* en style flamand) ; la *Bataille de S. Romano* (datation incertaine) de **P. Uccello** qui était destinée à l'appartement privé de Cosme l'Ancien ; une *Vierge à l'Enfant* de Masaccio et la *Sainte Anne Metterza* (v. 1424), une peinture due à **Masaccio** et à **Masolino** ; le *Couronnement de la Vierge* (v. 1435) et la *Vierge à l'Enfant* de **B. Angelico** reprennent le style de Masaccio. Un autre chef-d'œuvre est le *Retable de sainte Lucie de' Magnoli*, (v. 1445) de **D. Veneziano.**

SALLE 8 DES LIPPI – C'est une salle consacrée au frère du Carmel et à ses disciples ; on peut remarquer de la main du maître un *Retable*

du *Noviciat* (v. 1445) ; la prédelle du *Retable Barbadori*, le splendide *Couronnement de la Vierge* (1447), les deux *Adoration de l'Enfant* et la douce et angélique *Vierge à l'Enfant avec deux anges* (v. 1465) dont s'inspira Botticelli. Parmi les élèves, il faut mentionner son fils **Filippino Lippi** avec l'*Adoration des Mages* (1496) et le *Saint Jérôme*, puis **A. Baldovinetti** avec une *Annonciation* et une *Vierge à l'Enfant et des saints*.

SALLE 9 DES POLLAIOLO – Le centre d'intérêt de cette salle est constitué par les frères **Antonio** et **Piero Pollaiolo** ; on peut voir un *Portrait de femme* (v. 1475), les *Travaux d'Hercule* (v. 1475) d'Antonio tandis que le *Portrait de Galeazzo Maria Sforza* (1471) et les *Six Vertus* sont de la main de Piero et devaient décorer le Tribunal des Marchands ; la *Force* de Botticelli fut peinte en 1470. D'autres œuvres de jeunesse de ce peintre se trouvent dans cette salle, notamment la série de la *Vie de Judith* (v. 1472).

SALLES 10-14 DE BOTTICELLI – Ce sont de vastes salles consacrées au célèbre maître, elles rassemblent ses œuvres réalisées de 1445 à 1510, ainsi que d'autres peintures d'artistes toscans et flamands de la fin du XVe s.

Signalons le *Saint Augustin dans son cabinet de travail*, puis la *Madone au rosier* et le *Portrait de jeune homme avec une médaille* (v. 1475). Vers 1480, **Botticelli** se consacra aux 'mythologies', et exécuta des allégories morales parmi lesquelles se détachent *Pallas et le Centaure*, mais surtout les œuvres splendides que sont le *Printemps* et la *Naissance de Vénus*.

On peut admirer aussi la *Vierge du Magnificat* (d'après le titre du livre qui est peint sur ce tableau), la *Vierge à la grenade* (v. 1487) avec un cadre marqueté, le *Retable de Saint Barnabé* (v. 1487), une *Madone en gloire* (v. 1470) et *La Calomnie* (v. 1495).

Dans ces salles sont conservés aussi des tableaux d'autres artistes parmi lesquels on peut distinguer le *Triptyque Portinari*

(v. 1478) du flamand **H. van der Goes** et une *Adoration des Mages* de la main de **D. Ghirlandaio**.

SALLE 15 DE LÉONARD DE VINCI – C'est une salle consacrée non seulement à **Léonard de Vinci** mais aussi aux peintres toscans et ombriens de la fin du XVᵉ s. Le célèbre artiste est présent avec une œuvre de jeunesse : l'*Annonciation* (v. 1472) et avec l'*Adoration des Mages* inachevée (1481) ; il l'avait commencée avant de partir pour Milan ; on distingue sa main dans la figure de l'ange à gauche et dans le fond du tableau intitulé *Baptême du Christ* (v. 1475) et dû à son maître **A. del Verrocchio**. On peut voir ensuite un *Crucifix avec Marie Madeleine* par **L. Signorelli** ; une *Crucifixion avec des saints* de **Pérugin**, l'*Adoration des bergers* de **L. di Credi** et l'*Incarnation du Christ* (v. 1505) par **P. di Cosimo**.

Les salles de 16 à 24 forment le corps de bâtiment le plus ancien du Musée.

SALLE 16 DES CARTES DE GÉOGRAPHIE – Les murs de cette salle ont été déco-

rés de fresques représentant trois cartes de la Toscane en 1589 par **S. Buonsignori**. Au plafond neuf toiles de **J. Zucchi**.

SALLE 17 DE L'HERMAPHRODITE – C'est ici qu'est exposée la copie romaine de la statue en marbre de l'*Hermaphrodite endormi*.

SALLE 18 TRIBUNE – De forme octogonale, elle a été construite par Buontalenti et décorée par Poccetti ; elle devait conserver les trésors les plus précieux des Médicis.

On peut admirer des copies de statues de l'époque classique comme la *Vénus des Médicis*, l'*Apollon* et le *Rémouleur*, ainsi que des tableaux du XVIᵉ s. florentin surtout, comme les célèbres portraits médicéens : *Bartolomeo Panciatichi, Lucrezia Panciatichi, Marie de Médicis* et les *princes Giovanni et Bia* de **Bronzino**, *Laurent le Magnifique* (1534) de **Vasari** et *Cosme l'Ancien* de **Pontormo**.

On peut admirer aussi le très bel *Amour musicien* (1521) de **R. Fiorentino**, la *Vierge du puits* (v. 1518) de **Franciabigio**, une *Fillette avec un livre* d'**A. del Sarto**, et toujours de Bronzino un autre portrait d'*Éléonore de Tolède avec son fils* (à noter que la robe du tableau est celle avec laquelle elle a été enterrée). Au milieu de la salle une table en pierres dures de la première moitié du XVIIᵉ s.

SALLE 19 DE LUCA SIGNORELLI ET DU PÉRUGIN – On y conserve des œuvres comme la *Madone à l'Enfant* (v. 1490) et la *Sainte Famille* de **Signorelli**, le *Portrait de Francesco delle Opere* et des *Moines* du **Pérugin**. Il faut signaler aussi l'*Annonciation* et la *Vénus* de **L. de Credi**, la *Libération d'Andromède* (v. 1510) par **P. de Cosimo** et le *Portrait d'Evangelista Scappi* dû à **F. Francia**.

SALLE 20 DE DÜRER – On y trouve des œuvres d'artistes allemands du XVᵉ s. au XVIᵉ s. Signalons le *Portrait du père de l'artiste* (1490), l'*Adoration des Mages* (1504), la *Madone à la poire* et *Saint Philippe* d'**A. Dürer** ; les portraits des *Princes électeurs de Saxe* et *Luther* par **L. Cranach**. Les grotesques du plafond représentent des *Spectacles à Florence*.

Botticelli, Le Printemps
Botticelli, La naissance de Vénus
Léonard de Vinci, Adoration des Mages
Tribune
Rosso Fiorentino, Ange musicien

SALLE 21 DE GIAMBELLINO ET DE GIORGIONE – Dans cette salle sont exposés des peintres vénitiens comme **Giorgione** avec *Moïse et l'épreuve du feu*, *Le jugement de Salomon* et le portrait d'un *Capitaine et écuyer*; l'*Allégorie sacrée* et la *Lamentation sur le Christ mort* de **Giambellino**; **Cima da Conegliano** est représenté avec une *Vierge à l'Enfant* et C. **Turà** par un *Saint Dominique*.

SALLE 22 DES MAÎTRES FLAMANDS ET ALLEMANDS DE LA RENAISSANCE – On y trouve des œuvres d'artistes comme **A. Altdorfer** avec des *Scènes de la vie de saint Florian* (v. 1530); **H. Holbein** avec le portrait de *Sir Richard Southwell* (1536) et un *Autoportrait*, **G. David** avec une *Adoration des Mages*; on peut admirer aussi des œuvres de **H. Memling** parmi lesquelles le *Portrait de Benedetto Portinari* (1487), de **J. van Cleve** avec les *Portraits d'un inconnu et de sa femme*.

SALLE 23 DE MANTEGNA ET DU CORRÈGE – C'est une salle qui réunit des œuvres d'A. **Mantegna**: la *Madonna delle Cave* (1466), le *Portrait du cardinal Charles de Médicis* et le *Triptyque* et du **Corrège**: la *Vierge à l'Enfant en majesté* (1515) ainsi que le *Repos en Égypte* (v. 1517).

SALLE 24 CABINET DES MINIATURES – C'est une salle destinée aux collections de pierres précieuses et de pierres dures; actuellement on y trouve des miniatures d'artistes italiens et étrangers (XVe s.- XVIIIe s.).

Dans le DEUXIÈME ET LE TROISIÈME CORRIDOR se trouvent des statues de l'Antiquité romaine : *Amour et Psyché* et la *Nymphe assise* et une *Léda*. (*PANORAMA)

SALLE 25 DE MICHEL-ANGE ET DES FLORENTINS – C'est une salle consacrée au célèbre artiste et aux peintres florentins du XVIᵉ s. C'est là que se trouve la splendide *Sainte Famille* ou *Tondo Doni* (v. 1506-1508), qui possède encore son cadre original marqueté ; il s'agit de la première œuvre certaine du peintre ; c'est Agnolo Doni qui lui avait commandée pour son mariage. On trouve dans la même salle l'*Annonciation* de **Fra Bartolomeo** et la *Vision de saint Bernard* (1507) ainsi que la *Visitation* (1503) par **M. Albertinelli**.

SALLE 26 DE RAPHAËL ET ANDREA DEL SARTO – On trouve beaucoup d'œuvres de **Raphaël** dans cette salle : la célèbre *Vierge au chardonneret* (1506), son *Autoportrait*, les *Portraits des ducs d'Urbin, Élisabeth Gonzague* et *Guidubaldo da Montefeltro* et celui de *Léon X avec deux cardinaux*. La *Vierge aux Harpies* (1517) et *Saint Jacques avec des enfants* sont dus à **A. del Sarto**.

SALLE 27 DU PONTORMO ET ROSSO FIORENTINO – Signalons la *Cène à Emmaüs*, le *Portrait de Maria Salvati* et la *Nativité du petit saint Jean*. On peut admirer également d'autres œuvres du **Bronzino**, l'élève de Pontormo : la *Lamentation sur le Christ mort* et la *Sainte Famille Panciatichi*. La salle comprend aussi des tableaux de **R. Fiorentino** comme le *Portrait de jeune fille*.

SALLE 28 DU TITIEN – C'est là que se trouvent les chefs-d'œuvre du **Titien**, le maître de la peinture vénitienne du XVIᵉ s. On peut admirer sa très belle *Vénus d'Urbin*, des œuvres de jeunesse : *Flora* (v. 1520), les portraits du duc et de la duchesse d'Urbin, *Éléonore Gonzague* et *Francesco Maria della Rovere*, le *Portrait du pape Sixte IV*, l'*Homme malade* et le *Portrait d'un chevalier de Malte*. On peut voir aussi des tableaux de **S. del Piombo**, un ami de Michel-Ange dont il s'inspire : *Portrait de femme* et la *Mort d'Adonis* (v. 1511), et de **J. Palma le Vieux**, qui était vénitien lui aussi ; il peignit entre autres *Judith* et la *Sainte Famille*.

SALLE 29 DE DOSSO ET DU PARMESAN – C'est une salle consacrée au **Parmesan** et à **D. Dossi** ; le premier est un peintre maniériste, élève du Corrège ; à côté de la *Vierge à l'Enfant et des saints* (1530), on peut voir un *Portrait viril* et la *Madone au long cou*, un tableau qui est resté inachevé ; le second avec le *Repos en Égypte, Sorcellerie* et *Portrait de guerrier*.

SALLE 30 DES PEINTRES ÉMILIENS – Parmi les artistes exposés, il faut rappeler **L. Mazzolino** avec une *Vierge à l'Enfant et des saints* (1522-1523) et **Garofalo** avec une *Annonciation*.

SALLE 31 DU VÉRONÈSE – On y trouve les peintures de Véronèse, un artiste vénitien de la seconde moitié du XVIᵉ s. : *Sainte Famille avec sainte Barbe et le petit saint Jean* (v. 1564), l'*Annonciation*, le *Martyre de sainte Justine, Esther devant Assuérus* ; on peut voir également un tableau de **Vicentino** : la *Visitation*.

S. del Piombo, Mort
d'Adonis
Caravage, Sacrifice d'Isaac
Rubens, Bacchanales
Salle de Niobé

SALLE 32 DE BASSANO ET DU TINTORET – Il faut signaler *Adam et Ève devant l'Éternel*, le *Christ et la Samaritaine*, *Léda et le cygne* (v. 1570) et les portraits d'un *Amiral vénitien*, de *Jacopo Sansovino* et d'un *Homme à la barbe rousse* du **Tintoret**. On trouve également les *Deux chiens* de **Bassano**.

SALLE 33 CORRIDOR DU CINQUECENTO – C'est une salle qui regroupe des peintures d'artistes italiens et étrangers de la fin du XVIᵉ s. Signalons parmi les artistes français **F. Clouet** avec *François Iᵉʳ* (v. 1540) et, parmi les artistes italiens, **A. Allori** avec *Vénus et Amour*, **Vasari** avec la *Forge de Vulcain* et **Bronzino** avec l'*Allégorie du bonheur*.

SALLE 34 DES LOMBARDS DU XVIᵉ s. – On y trouve les œuvres de **L. Lotto**, un artiste qui s'inspire de l'Allemagne et dont les thèmes sont religieux : la *Sainte Famille et des saints*, la *Chaste Susanne* (1517) et un *Portrait de jeune garçon*. Les peintres **G. Campi** avec un *Portrait de Galeazzo* son père, et un *Portrait de musicien* et **G. B. Moroni** avec le *Portrait d'un savant* et le *Portrait du chevalier Pietro Secco Suardo* sont également présents dans cette salle.

SALLE 35 DE BAROCCI ET DE LA CONTRE-RÉFORME – On peut voir des tableaux de **F. Barocci**, un artiste d'origine ombrienne, comme la *Vierge du Peuple* (1579) et de **Cigoli** comme la *Déposition*. Avec la réouverture de l'escalier de Buontalenti les salles 36 à 40 ont été supprimées.

SALLE 41 DE RUBENS – C'est ici que sont exposées les œuvres de **P. P. Rubens**, parmi lesquelles il faut signaler *Henri IV à la bataille d'Ivry*, l'*Entrée d'Henri IV à Paris* (1630), les *Bacchanales*, un *Autoportrait* et le portrait de sa première femme *Isabelle Brant*. Dans la même salle on trouve aussi les peintures d'un de ses élèves : **A. van Dyck** avec le *Portrait équestre de Philippe IV* et celui de *Jean de Monfort* (v. 1628). Un autre portrait célèbre est celui de *Galilée* (1635) dû à **J. Suttermans**.

SALLE 42 DE NIOBÉ – Elle contient des sculptures représentant *Niobé* et le *Groupe des Niobides*. Il s'agit d'une copie romaine d'un original grec du IIIe-IIe s. av. J. C. ; à l'origine elle se trouvait à Rome, puis elle fut transférée aux Offices en 1775 où Pierre Léopold lui consacra une salle. On peut voir aussi le célèbre *Vase Médicis*, du Ier s. en style néo-attique.

SALLE 43 DU XVIIe S. ITALIEN ET EUROPÉEN – On y trouve des œuvres d'**A. Carrache** : *Vénus, satyres et amours* et un *Autoportrait de profil*.

SALLE 44 DE REMBRANDT – Elle rassemble les peintures de l'artiste hollandais **Rembrandt** : on peut admirer deux *Autoportraits*, (v. 1634 et v. 1665) et un *Portrait de vieux*.

Salle 45 DU XVIIIe S. ITALIEN ET EUROPÉEN – Elle regroupe des œuvres de **G. M. Crespi** : *Amour et Psyché*, de **P. Longhi**, *La confession*, des vues du célèbre artiste vénitien **Canaletto**, *Vue du palais ducal de Venise*, et de **F. Guardi** avec la série des *Caprices*.

Ici aussi les portraits occupent une place importante ; rappelons le *Portrait présumé de Marie Adélaïde de France vêtue à la turque* (1753) de **J. E. Liotard**, celui de *Felicia Sartori* de la vénitienne **R. Carriera** et ceux très beaux de **F. Goya** qui représentent *Maria Teresa de Vallabriga à cheval* et *Maria Teresa, comtesse de Chinchòn*.

SALLE DU CARAVAGE – Elle regroupe les œuvres de Michelangelo Merisi, plus connu sous le nom de **Caravage**, un artiste lombard très célèbre qui a séjourné à Rome de 1593 à 1599. Son *Bacchus* est peint dans un style véritablement naturaliste ; viennent ensuite le *Sacrifice d'Isaac* et la *Méduse* qui était en réalité un bouclier de tournoi qui a appartenu à François Ier de Médicis. Le tableau *Judith décapitant Holopherne* d'**A. Gentileschi** est exposé également dans cette salle. Dans les dernières salles sont conservées les œuvres de B. Manfredi, G. delle Notti et G. Reni.

Depuis la terrasse au fond du corridor on peut admirer le *PANORAMA.

❺ MUSÉE D'HISTOIRE DE LA SCIENCE (piazza dei Giudici, 1)
Fondé en 1927, le Musée rassemble plus de 5000 objets scientifiques ayant appartenu aux Médicis (les premiers instruments remontent à Cosme l'Ancien) et aux Lorraine. Les deux étages sont divisés respectivement en 11 et 10 salles. Celles du PREMIER ÉTAGE présentent des instruments de mathématiques italiens et étrangers allant du Xe au XIXe s. et notamment un *globe céleste* arabe de 1080 et la *sphère armillaire* d'Antonio Santucci (seconde moitié du XVIe s.). Dans les salles IV et V sont conservés les instruments qui ont appartenu à **Galilée**, comme la *loupe objective*, avec laquelle le grand savant observa le premier les satellites de Jupiter, le compas géométrique, les longues-vues.

Au SECOND ÉTAGE, des instruments des XVIIIe et XIXe s. Citons le célèbre *paradoxe mécanique*. En outre, on peut voir le banc pour les expériences de chimie et les préparations chimiques du grand-duc Pierre Léopold, des balances et des alambics.

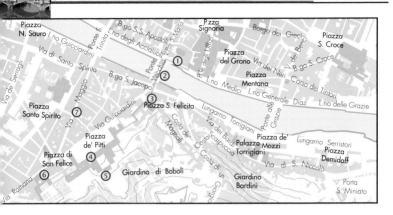

❶ CORRIDOR VASARI (ouvert uniquement sur rendez-vous)

Au cours de la restauration et de l'agrandissement des Offices, sur la demande du grand-duc, Vasari eut l'idée d'aménager un chemin secret pour relier le Palazzo Vecchio et la nouvelle résidence c'est-à-dire le Palais Pitti.

Long d'un kilomètre environ, le parcours qui prit le nom de cet architecte (1565), part du Palazzo Vecchio, traverse la Galerie des Offices puis l'Arno en passant au-dessus du Ponte Vecchio avant d'arriver dans le jardin de Boboli, à l'endroit où se trouve la grotte de Buontalenti.

Ce n'est que récemment qu'a été installé un musée (1973) avec 800 œuvres environ. À partir du Ponte Vecchio, commence la vaste section de la *Collection des autoportraits* d'artistes italiens et étrangers qui va du XIVᵉ s. à aujourd'hui. Parmi ceux-ci, il faut signaler les autoportraits de Vasari (1550), puis ceux de Del Sarto, Raphaël, Titien, Le

Bernin, Rosa, Canova, Berni, Rubens, Rembrandt, Velazquez, Liotard, Böcklin, Hayez, Fattori, Michetti, Balla et Chagall.
Lorsqu'on effectue ce parcours, on peut admirer, en regardant par les fenêtres, des vues splendides sur la ville et sur ses collines et l'on passe, sans être vu, sur le Ponte Vecchio avant de traverser la galerie de l'église S. Felicita. (*PANORAMA)

Fin du Corridor de Vasari

❷ PONTE VECCHIO

Il est formé de trois massives arcades; c'est le seul pont qui ait survécu depuis 1345 – date de sa reconstruction par Neri di Fioravante après une inondation – jusqu'à nos jours, et c'est le seul qui ait été épargné par les Allemands au cours des bombardements de 1944.

C'est ici que vers la fin du XVIᵉ s. Ferdinand Iᵉʳ fit remplacer les boutiques des 'beccai' (des bouchers florentins) par celles des orfèvres et des bijoutiers qui occupent encore aujourd'hui les deux côtés de la construction et qui conservent toujours les typiques volets en bois. Sur l'une des deux terrasses aménagées sur le pont se trouve le *Buste de Benvenuto Cellini*, une œuvre du XXᵉ s. (*PANORAMA)

❸ ÉGLISE S. FELICITA (piazza S. Felicita)

L'église a été construite sur les fondations

d'une autre construction de l'époque paléochrétienne (IVe s.) ; elle est considérée comme l'édifice sacré le plus ancien de la ville, même si elle a été refaite au XVIIIe s. Au-dessus du portique d'accès passe le corridor de Vasari. À l'intérieur sur la droite se trouve la *chapelle Capponi*, dessinée peut-être par Brunelleschi au début du XVe s. ; on peut admirer la *Déposition* et la fresque de l'*Annonciation* de **Pontormo**.

❹ Palais Pitti

Construit sur la colline de Boboli, sur la volonté de Luca Pitti pour symboliser l'opposition aux Médicis. Le palais fut projeté en 1445 par Brunelleschi et à l'origine il était constitué par un édifice en bossage de trois étages (comprenant les sept fenêtres centrales) séparés par des balcons.

Après la mort de Pitti (1473) et la chute de la famille, le palais fut acheté en 1549 par Cosme Ier pour sa femme, Eléonore de Tolède, qui y installa sa Cour.

Les premiers travaux d'aménagement exécutés par B. Ammannati n'ont pas beaucoup modifié la façade : les deux grands portails latéraux furent condamnés et remplacés par des fenêtres à grille coudée tandis qu'on a agrandi le palais en profondeur. De 1618 à 1640, G. et A. Parigi ont agrandi la façade avec 4 autres fenêtres de chaque côté et ont décoré l'intérieur. Avec l'arrivée des Lorraine, G. Ruggeri et P. Poccianti ont continué les aménagements du palais pour lui donner sa forme actuelle : long de 205 m. il comprend deux ailes avec des portiques, appelées 'rondo'.

Sous la domination française (1799-1814) le palais accueillit tout d'abord Marie Louise de Bourbon, reine d'Étrurie, puis Elisa Bonaparte, qui fit apporter des modifications aux salles de l'aile gauche du palais. Durant cette période, en effet, les artistes G. Cacialli et P. Benvenuti, décorèrent les pièces en style néo-classique toscan, comme la Salle de bains de Napoléon que, par ailleurs, l'Empereur n'utilisa jamais.

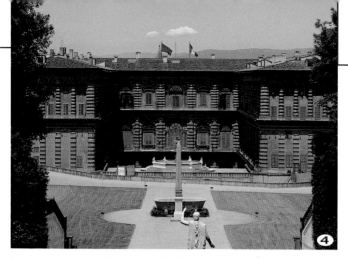

Lorsque Florence a été la capitale de l'Italie, le roi Victor Emmanuel
y habita. À l'intérieur du palais on peut visiter sept collections réunies
au cours des siècles par ses illustres propriétaires.
À partir du portail central en forme d'arc, on entre dans la cour d'Ammannati qui a réalisé aussi une fontaine placée sur la terrasse supérieure, remplacée en 1641 par la célèbre *Fontaine de l'Artichaut* de **F.
Susini** et **F. del Tadda**. Dans la partie inférieure se trouve la *Grotte
de Moïse*, une œuvre en porphyre du XVIIᵉ s. Sous le portique on peut
voir des statues romaines, tandis qu'à droite on entre dans la Chapelle Palatine où sont conservés un autel en mosaïque et un crucifix de
la main de Jean Bologne.
On arrive au premier étage par le grand escalier d'honneur
situé dans la cour. On arrive donc à la Galerie Palatine et aux
Appartements Royaux.

Galerie Palatine

La collection rassemble des peintures et des chefs-d'œuvre italiens
et européens allant du XVᵉ s. au XVIIIᵉ s. Elle a été commencée par les
Médicis en 1620 avec Cosme II et agrandie par la suite avec Cosme III,
mais c'est grâce aux Lorraine qu'elle a été ouverte au public en 1828.
La disposition suit le critère des collections de tableaux, c'est pour-
quoi les salles sont 'décorées' par les tableaux qui y sont exposés.
Salle des statues ou salle de Castagnoli – (du nom de l'artiste qui l'a
décorée). Au milieu on peut voir la *table des Muses* en pierres dures
marquetées avec un pied en bronze de G. Dupré ; elle date de 1851.
On passe ensuite dans la salle des Allégories ou du 'Volterrano' : ici
sont conservées des œuvres de **Volterrano** comme *La farce d'Arlotto*,
de **G. da S. Giovanni** et *Vénus peignant Amour* et les portraits des
Médicis de **Suttermans**.
Viennent ensuite d'autres salles (la salle des Beaux-Arts, d'Hercule,
de l'Aurore, de Bérénice) qui ont été ouvertes plus récemment et où

sont conservées des œuvres qui se trouvaient dans des églises ou des couvents supprimés au XIXᵉ s. (il s'agit le plus souvent de retables du XVIIᵉ s.). Nous entrons ensuite dans la SALLE DE PSYCHÉ consacrée aux tableaux de l'artiste napolitain S. **Rosa** qu'il a peints lors de son séjour à Florence de 1640 à 1649 ; rappelons *La forêt des philosophes* et la *Bataille*.

On passe ensuite dans les salles destinées à l'impératrice Marie Louise de Bourbon pour arriver à la SALLE DE LA RENOMMÉE où sont exposées des peintures de l'école hollandaise et flamande : *Sous-bois avec des animaux* de **O. van Schrieck** et les *Vues* de **G. van Wittel**.

En revenant en arrière par la salle des Beaux-Arts, on arrive à la SALLE DE L'ARCHE décorée de fresques de L. Ademollo en forme de pavillon comme celui qui, pensait-on, contenait l'arche sacrée.

SALLE DE LA MUSIQUE – On l'appelle aussi salle des 'tambours' à cause de la forme des meubles ; elle abrite une table dont le dessus est en malachite et le pied en bronze doré.

CORRIDOR DE POCCETTI qui, en réalité, a été décoré de fresques par Rosselli ; c'est là que se trouvent des tableaux de petite dimension du XVIIᵉ s. comme *Ila et les nymphes* de **F. Furini**, le *Martyre de saint Bartolomée* de **J. Ribera** et les *Trois enfants dans la fournaise* de **M. Rosselli** ainsi que des meubles précieux comme la table en pierres dures qui a été faite d'après un dessin de **G. B. Foggini** en 1716.

SALLE DE PROMÉTHÉE – Elle abrite la *Vierge à l'Enfant et des épisodes de la vie de sainte Anne* par **Filippo Lippi**, c'est la peinture la plus ancienne de la galerie (1450) ; on trouve également deux tableaux sur bois de Pontormo : l'*Adoration des Mages* (1523) et le *Martyre de saint Maurice et des légions thébaines* ; en outre la *Sainte Famille avec sainte Catherine* de **L. Signorelli**. Au centre de la salle, le *Vase de Sèvres* de L.-P. Schilt date de 1844.

On traverse le CORRIDOR DES COLONNES où sont encore exposées des œuvres de petit format des XVIIᵉ et XVIIIᵉ s. d'origine hollandaise et flamande.

SALLE DE LA JUSTICE – Elle rassemble des œuvres en grande partie vénitienne ou provenant du XVIᵉ s. vénitien parmi lesquelles il faut citer le *Portrait de Tommaso Mosti (?)* du **Titien**, *Portrait de gentilhomme* du **Véronèse** et la *Vierge avec sainte Catherine et le petit saint Jean* attribué à **P. Lanciani**.

SALLE DE FLORE – Parmi les œuvres florentines du XVIᵉ s. qui y sont rassemblées, citons la S*ainte Famille avec sainte Anne et le petit saint Jean* de **Vasari** et la *Vierge à l'Enfant* d'**A. Allori**.

SALLE DES PUTTI – C'est là que sont exposées des peintures d'artistes flamands et hollandais ; rappelons **Rubens** avec *Les trois Grâces* et **R. Ruysch** avec deux tableaux *Nature morte* (1715 et 1716).

SALLE D'ULYSSE – Elle a été décorée de fresques pour célébrer le retour de Ferdinand III de Lorraine à Florence en 1815 ; elle abrite des tableaux importants comme la *Madone de la croisée* (1514) de **Raphaël**, la *Vierge à l'Enfant et des saints*, appelée aussi 'Retable de Gambassi' (1525-1526) d'**A. del Sarto**, représentant une conversation entre la Vierge et quelques saints et l'*Ecce homo* de **Cigoli** (1607).

SALLE DE BAINS DE NAPOLÉON – Elle a été réalisée en 1813 pour l'empereur Napoléon ; elle est décorée de fresques et de bas-reliefs.

SALLE DE L'ÉDUCATION DE JUPITER – À l'origine c'était la chambre du grand-duc, elle abrite l'*Amour dormant* (1608) de **Caravage** ; la *Judith avec la tête d'Holopherne* de **C. Allori** ; *Saint André devant la croix* de **C. Dolci**.

SALLE DU POÊLE ('stufa') – La salle était en effet chauffée avec de l'air chaud. Les fresques représentent des peintures allégoriques de **P. da Cortona** et **M. Rosselli**. Le pavement est en majolique.

SALLE DE L'ILIADE – Elle est ainsi appelée à cause des fresques qui s'inspirent d'épisodes du poème d'Homère ; elle abrite une œuvre

57

Raphaël : Madone à la chaise ; Madone du grand-duc ; Femme au voile

Giorgione, Les trois âges de l'homme

Salle du Trône

de Raphaël, la *Femme enceinte* ainsi que des peintures de **R. del Ghirlandaio**, un *Portrait de femme* (1509), le *Retable Passerini* et l'*Assomption Panciatichi* d'**A. del Sarto**, le *Portrait de Valdemar Christian* de **Suttermans** ; on trouve également deux toiles d'**A. Gentileschi** : *Judith* et *Marie Madeleine* réalisées entre 1614 et 1620.

Salle de Saturne – Dans cette salle décorée de fresques par Ferri sont conservés des tableaux de Raphaël et notamment: la *Vierge à la chaise*, les *Portraits d'Agnolo et Maddalena Doni* (1507), la *Vierge du grand-duc* (1506), le *Portrait de Tommaso Inghirami* et la *Vierge au baldaquin*, une œuvre qui est restée inachevée du fait du départ pour Rome de l'artiste.

On trouve également dans cette salle la *Dispute sur la sainte Trinité* et l'*Annonciation* d'**A. del Sarto**, la *Lamentation sur le Christ mort* (1495) du **Pérugin** et le *Christ comme 'Salvator Mundi'* (1516) de **Fra Bartolomeo**.

Salle de Jupiter – À l'origine c'était la salle du Trône ; elle renferme de nombreuses œuvres parmi lesquelles : la *Sainte Famille* du **Guerchin**, les *Trois âges de l'homme* qui n'a été que récemment attribuée à **Giorgione** (v. 1500), la *Vierge au sac* du **Pérugin**, la *Pietà* de **Fra Bartolomeo** et l'*Annonciation* d'**A. del Sarto**. Mais l'œuvre la plus célèbre qui est exposée ici est *La femme au voile* de **Raphaël** que l'on peut dater de 1516, année où l'artiste se trouvait à Rome: elle représente peut-être Fornarina, une femme qu'il a aimée pendant de longues années.

Salle de Mars – Elle réunit surtout des portraits vénitiens et quelques chefs-d'œuvre flamands et espagnols ; pour les premiers rappelons le *Portrait d'Hippolyte de Médicis* par **Titien**, le *Portrait d'Alvise Cornaro* (1560-1565) dû au **Tintoret** et le *Portrait d'un gentilhomme à la fourrure* de **Véronèse**. Pour les deuxièmes, **Rubens** avec *Les conséquences de la guerre* (1638) et les *Quatre philosophes*, **Van Dyck** avec le *Portrait du car-*

dinal Bentivoglio. On peut voir deux toiles de la *Vierge à l'Enfant* de l'espagnol **Murillo**.

S<small>ALLE D</small>'A<small>POLLON</small> – C'est le retable avec une *Conversation sacrée* (1522) de la main de D. **Mazza** qui revêt un grand intérêt ; le **Titien** est encore présent avec l'*Homme aux yeux gris* ou l'*Anglais* et *Marie Madeleine* ; viennent encore des peintres vénitiens comme le **Tintoret** avec le *Portrait de Vincenzo Zeno* ; D. **Dossi** avec une *Nymphe et satyre*, G. **Reni** avec *Cléopâtre*; on peut voir aussi des tableaux du Guerchin et de C. Allori.

Pour l'école flamande, citons **Rubens** avec le *Portrait d'Isabella Clara Eugenia* (1625) ; J. **Suttermans** et son *Portrait de la grande-duchesse Vittoria della Rovere* (v. 1640) et **Van Dyck** avec le *Portrait de Charles Iᵉʳ d'Angleterre et d'Henriette de France*.

S<small>ALLE DE</small> V<small>ÉNUS</small> – Décorée de fresques dues à P. **da Cortona** et C. **Ferri**, et ayant pour thème la mythologie, elle abrite non seulement des œuvres du **Titien** (le *Concert*, le *Portrait de Pierre Arétin*, la *Belle* et le *Portrait du pape Jules II*), de P. P. **Rubens** (*Le retour des paysans* et *Ulysse dans l'île des Phéaciens*), mais aussi de S. **Rosa** (la *Marine au coucher de soleil* et la *Marine avec vaisseaux et galères*), du **Guerchin** (*Apollon et Marsyas*) et enfin de **Cigoli** (*La troisième apparition de Jésus à Pierre*). Au milieu de la salle, on peut voir une sculpture en marbre de **Canova**, la *Vénus italique*.

APPARTEMENTS ROYAUX

Ils sont situés dans l'aile droite du palais où l'on accède par la salle des Niches. C'était la résidence de la famille Médicis puis des Lorraine et enfin des Savoie lorsque Florence a été la capitale de l'Italie (1865-1870). Ce sont ces derniers qui ont laissé en grande partie l'ameublement auquel viennent s'ajouter de riches décorations et des tapisseries. Les quatorze salles ont été réaménagées récemment après de longs travaux.

SALLE DES NICHES – À l'époque des Médicis, c'était l'antichambre, avec les Lorraine, elle a été transformée en salle de réception avant de devenir la salle à manger. Dans les niches des copies de statues antiques et des vases japonais.

SALLE VERTE – Les murs sont tendus de soie verte ; on l'appelait aussi la salle 'de la Garde' parce que c'était l'antichambre du prince Ferdinand ; elle abrite une belle toile de L. Giordano : l'*Allégorie de la paix entre Florence et Fiesole* et le *Portrait de Fra Marcantonio Martelli* de **Caravage**. Il faut remarquer les riches décorations, une table en pierres dures et un secrétaire en ébène et en pierres dures de 1685 environ.

SALLE DU TRÔNE – Appelée aussi la salle 'rouge'; on peut y voir le trône, le baldaquin et la balustrade qui ont été placés là à l'époque de la maison de Savoie. Lorsque les Médicis et les Lorraine gouvernaient, c'était la salle des Audiences. Elle réunit des vases japonais et chinois du XVIIIe et XIXe s.

SALLE BLEUE – Elle est connue aussi comme la « salle des cymbales » car le prince Ferdinand y écoutait des concerts ; elle est décorée de stucs et de tapisseries des Gobelins. On peut voir les dix portraits de la famille Médicis peints par J. Suttermans de 1621 à 1645.

CHAPELLE – Sous les Médicis c'était une chambre ; au XVIIIe s. elle a été transformée en chapelle ; on peut remarquer le prie-dieu, l'autel avec un Crucifix en ivoire et des tableaux du Titien, de Rembrandt et de Van Dyck ; il faut signaler aussi de C. Dolci, la *Vierge à l'Enfant* avec un cadre en pierres dures et en carapace de tortue.

SALLE DES PERROQUETS – Appelée ainsi du fait des oiseaux qui sont brodés sur la tapisserie verte ; elle séparait les appartements du roi de ceux de la reine de Savoie. Il faut remarquer l'horloge d'origine française en bronze ciselé et doré avec un socle en marbre noir.

SALLE JAUNE, CHAMBRE DE LA REINE, CABINET OVALE ET CABINET ROND – Ces salles constituaient les

appartements de la reine Marguerite de Savoie ; elles sont richement décorées avec des tapisseries des Gobelins, des portraits comme celui de l'*Électrice Palatine* attribué à **J. F. Douven** ; on peut admirer également un secrétaire en ébène, ivoire, albâtre et bronze doré, un bénitier et d'autres objets d'ameublement.

En revenant à la salle des perroquets, on passe dans les appartements du roi Humbert Ier de Savoie.

Chambre du Roi, Cabinet, Salon rouge, Antichambre – Cette partie est caractérisée par un ameublement plus sobre par rapport à celui des autres salles ; on y trouve aussi des tapisseries, des meubles lorrains, des glaces, un buste en marbre du roi, des portraits de Suttermans.

Appartements des Tapisseries – En passant par la Salle de Bône, ainsi appelée parce qu'elle a été décorée par **B. Poccetti** en 1609 avec *La conquête de la ville de Bône*, on entre dans l'appartement des tapisseries. Composé de 5 salles réservées aux dames de la maison Médicis, il a été ensuite réservé à l'accueil des invités de marque. Chaque salle a été décorée de fresques par les plus grands artistes de l'époque médicéenne avec la personnification des *Vertus*. Aux murs sont exposées de splendides tapisseries avec des figures allégoriques de manufacture française et toscane. La dernière ou Salle blanche est décorée de stucs qui la rendent très lumineuse.

GALERIE D'ART MODERNE

Elle occupe les salles qui, à l'époque des Médicis et des Lorraine, constituaient l'Appartement des Archiduchesses et l'Appartement Nouveau ; c'est le grand-duc Pierre Léopold qui a commencé la collection en 1784, elle a été continuée par la maison de Savoie : il s'agit de peintures et de sculpture italienne allant du Néo-classicisme au XXe s. ; on trouve aussi quelques œuvres d'artistes étrangers du XXe s. Répartie dans 30 salles, la collection comprend plus de 2000 œuvres qui sont classées selon un ordre chronologique et par thème.

Les premières salles (1-2) sont consacrées à la période néoclassique et à l'occupation française en Toscane avec la présence d'artistes comme **A.** Canova (le buste de *Calliope*), F. Carradori, S. Ricci, **P. Batoni** avec *Hercule*, **P. Tenerani** et sa *Psyché abandonnée*.

Dans les salles 3-4 se trouvent des peintures consacrées à l'iconographie des dynasties toscanes avant l'Unité italienne, telles que les Habsbourg-Lorraine et les Bourbon de Lucques (**F. X. Fabre**, le *Portrait de Marie Louise de Bourbon, reine d'Étrurie*) et des familles qui ont apporté leur aide sur le plan culturel sous la Restauration, comme la famille Demidoff (voir le *Portrait de la princesse Mathilde Bonaparte Demidoff* dû à **A. Scheffer**).

Les salles 5-6 sont consacrées à l'art romantique et au tableau du paysage idéal. Il faut rappeler entre autres, les peintures de **F. Hayez** (*Les deux Foscari*), **G. Sabatelli** (*Giotto et Cimabue*) et **M. d'Azeglio** (*Attaque de cavalerie*). Parmi les sculptures, il faut signaler celles de **Fedi** (*Saint Sébastien*) et de **G. Dupré** (*Petit Bacchus*).

Dans les salles 7-8 se trouvent des portraits et des peintures célébrant les années de Florence capitale. Parmi les tableaux se détachent les œuvres d'**A. Ciseri** (*Portrait de J. Dupré*), celles de **R. Sorbi** (son *Portrait du sculpteur Emilio Zocchi* est très beau), d'**A. Puccinelli** (*Portrait de Madame Morrocchi*) et de **G. Fattori** (son *Autoportrait* est célèbre).

La salle 9 est consacrée aux écoles de paysage du milieu du XIXe s. ; signalons les œuvres d'**A. Fontanesi** (*Après la pluie*) et de **S. De Tivoli** (*Un pâturage*).

Les salles 10-11 abritent deux riches collections de peintures : celle de Cristiano Banti, léguée par ses héritiers en 1958 (voir *Bûcheronnes* de Banti lui-même), et celle de Diego Martelli, elle aussi léguée à la Ville dès 1897 (parmi ces peintures, signalons *Au lit de* **F. Zandomeneghi** et *Paysage* par **C. Pissarro**.

Les salles suivantes (12-17) accueillent des

chefs-d'œuvre du genre historique : on peut rappeler **S. Ussi** (*Le Duc d'Athènes chassé*, 1862) et des portraits de l'époque d'Humbert Iᵉʳ parmi lesquels se distingue **M. Gordigiani** avec un *Portrait de Gabriella Coujère*, la femme du peintre.

On arrive aux salles 18-20 consacrées aux peintres 'macchiaioli' (tachistes), post-macchiaioli et à d'autres écoles : les œuvres proviennent du dépôt de la Municipalité et de la collection Ambron. Signalons les splendides tableaux de **G. Fattori** : *Portrait de la belle-fille de l'artiste*, *La cousine Argia*, *La tempête* et *La rotonda de Palmieri*. Remarquons également les œuvres de **T. Signorini** (*Matin de septembre à Settignano*, *Toits à Riomaggiore*, *Leith*) et des sculptures comme celle d'**A. Cecioni**, *Le suicidé*.

Dans les salles 21-24 on peut voir des peintures du naturalisme toscan (voir les œuvres d'**A. Tommasi**, *Printemps* et de **G. De Nittis**, *Pluie de cendres*) et des œuvres d'artistes influencés par la culture européenne (**O. Vermehren**, *Paolo et Francesca* et **E. Gelli**, *Portrait de Bruna Pagliano*) ou par les mouvements du symbolisme et du divisionnisme (un exemple très beau est le *Petit Bacchus* de **P. Nomellini** et *Dans le pré* de **G. Previati**).

Les salles 25-26 réunissent des collections d'études comme la collection *Emilio Gagliardini* ; on peut remarquer entre autres *La mauvaise nouvelle* d'**O. Borrani** et les *Chevaux dans la pinède de Tombolo* de Fattori ainsi que *Midi* de Nomellini.

Dans les dernières salles (27-30) sont exposées des œuvres marquées par l'influence décadente, symboliste et post-impressionniste : *Confidences* d'**A. Spadini**, le *Portrait de Giovanni Papini* par **O. Ghiglia**, *La paix* de **G. Chini**, *Le bon sourire* de **G. Costetti**.

Musée de l'Argenterie
La collection a été installée en 1919 dans les appartements d'été de la Cour des Médicis

pour conserver tous les objets précieux et les bijoux accumulés au cours des siècles par les Médicis et les Lorraine.

Les 25 salles dont certaines sont merveilleusement décorées par G. da San Giovanni (v. 1635) sont divisées en fonction des types d'objets (salle des cristaux, des porcelaines, des ambres, des ivoires, des reliquaires etc...). Il faut signaler notamment celle des camées et des bijoux : des chefs-d'œuvre d'orfèvrerie y sont conservés comme le *Camée de Cosme I*[er] (1557-1562), l'*Ové avec la place de la Seigneurie* (1599) et l'*Ex-voto de Cosme II* ; la salle exotique et la loge où sont rassemblés des objets d'origine africaine (*Cornes* d'ivoire du Congo), mexicaine (*Masque en jade*), chinoise (*Nautiles* ou coquillages).

Les collections de Ferdinand III de Lorraine sont célèbres : il s'agit du *Trésor* des princes évêques de Salzbourg et de Würzburg (l'autel portatif est lui aussi remarquable ainsi que la série de 54 coupes en argent doré et la carafe avec des grotesques), et du *Trésor* d'Anne Marie Louise de Médicis (la collection se trouve dans la salle des bijoux et comprend aussi des 'bijoux galanteries' avec une curieuse collection d'animaux minuscules provenant des Flandres) et enfin des *Vases 'céladon'* (XIVe s) en pierres dures de Laurent de Médicis.

La dernière partie du musée, dans la salle

des donations, regroupe des bijoux et des objets qui vont du xviiᵉ s. au xxᵉ s. et transmis au musée grâce à des donations : il faut signaler le splendide *Diadème* de Cartier (1900) incrusté d'améthystes et de diamants.

Musée des Carrosses (rez-de-chaussée du 'rondo' de droite. Actuellement fermé pour réaménagement)
Il abrite des carrosses qui ont appartenu à la Cour des Lorraine et de la Maison de Savoie (xviiiᵉ -xixᵉ s.) avec la sellerie.
On peut remarquer celui du début du xixᵉ s. qui a appartenu au roi de Naples, Ferdinand ii, et qui est arrivé au palais Pitti avec la maison de Savoie : il est caractérisé par une caisse en argent doré extraordinairement décorée.

Galerie du Costume
Elle a été ouverte en 1983 dans les salles de la Palazzina della Meridiana, la résidence de la famille des Savoie ; la collection réunit plus de 6000 vêtements : ce sont des habits anciens, des costumes de théâtre et des accessoires réalisés entre le début du xviiiᵉ s. et les premières années du xxᵉ s. ; elle a pu être constituée grâce à des donations et à des achats. Parmi les pièces les importantes, il faut signaler les habits funèbres de Cosme iᵉʳ de Médicis, d'Éléonore de Tolède, sa femme, et de don Garzia, leur fils.

Musée de la Porcelaine (dans le bâtiment situé en haut du jardin de Boboli)
Créé en 1973, il réunit la collection d'objets en porcelaine ayant appartenu aux familles qui se sont succédé dans le Palais. Il comprend 3 salles : dans la première, les porcelaines italiennes et françaises (remarquons les petites statues en biscuit napolitaines, les services de la Manufacture de Doccia et de Sèvres) ; dans la deuxième, les porcelaines de Vienne et enfin, dans la troisième, les porcelaines de la Manufacture de Meissen.

Salle de G. da San Giovanni
Chiffonnier dit « d'Alemagna »
Vase d'après un dessin de Buontalenti
« Maestro delle Furie », Curtius qui se jette dans le gouffre
Carrosse en argent
Galerie du Costume
Manufacture de Doccia, Tasse

❺ Jardin de Boboli

La visite s'achève en passant par la Cour de Bacchus, dans la verdure de Boboli, un jardin Renaissance à l'italienne. Dessiné en 1549 par **Tribolo** pour Cosme Iᵉʳ, de nombreux architectes tels que Ammannati, Buontalenti et A. Parigi, ont été appelés successivement à diriger les travaux d'aménagement dont les derniers remontent à la seconde moitié du XIXᵉ s. L'étendue du jardin – 45000 m² compris entre le Palazzo Pitti, le Forte Belvedere et la Porte Romana – devait refléter le pouvoir du Prince. Ce lieu est devenu un théâtre pour les loisirs, les jeux et les spectacles de la Cour. Aujourd'hui il offre de très belles vues sur la ville et se promener dans ses allées permet de voir une série d'œuvres d'art (statues, fontaines), des grottes, des petits lacs et un amphithéâtre.

À l'entrée du parc se trouve l'étrange *Fontaine de Bacchus* (1560), appelée aussi fontaine du 'Nain Morgante', de **V. Cioli** : il s'agit d'un nain qui a vécu à la cour de Cosme Iᵉʳ, et qui est représenté à cheval sur une tortue.

La Grotte de Buontalenti (1583-1588) se distingue par son originalité : à l'extérieur on peut voir des niches où sont placées les statues de *Paris et Hélène*, une œuvre de Bandinelli, des fausses stalactites et des éléments marins. C'est là qu'avaient été exposés les *Captifs* de Michel-Ange ; à présent il ne reste que les copies, tandis qu'au fond, là où on peut voir des fresques de **Poccetti**, se trouve une *Vénus* de **Jean Bologne**.

Rappelons l'Amphithéâtre (XVIIᵉ s.) tout de suite derrière la cour d'Ammannati, avec des édicules et des gradins au milieu desquels on a placé l'*obélisque égyptien* (1500 av. J. C.) provenant de Louxor et la vasque en granit provenant des Thermes de Caracalla.

En continuant par l'allée centrale, on arrive au petit lac avec la *Fontaine du Trident* au milieu ; de là sur la gauche, on rejoint le pavillon rococo du Kaffeehaus (1776) d'où l'on peut jouir d'une très belle vue sur la ville. (*Panorama)

Du Jardin du Chevalier décoré de la fontaine des Singes, on descend vers la grande allée qui, entre les cyprès et les statues antiques, conduit au bassin de l'Îlot, un petit lac conçu par G. et A. Parigi à partir de 1618 ; un ensemble de sculptures parmi lesquelles on distingue *Persée et Andromède* de **Jean Bologne**, est plongé dans l'eau, tandis que sur le petit îlot, entouré d'une balustrade en pierre et de citronniers, s'élève la *fontaine de l'Océan*, une copie de l'original de ce sculpteur. En revenant vers l'entrée principale, signalons le Rondo di fondo et l'Orangerie.

❻ Musée zoologique 'La Specola' (via Romana, 17)

Du fait de sa passion pour les sciences, le grand-duc Pierre Léopold a créé ce musée en 1775 et il y a fait installer un observatoire d'astronomie et de météorologie, appelé justement Specola. Il voulait recueillir en un seul endroit les collections scientifiques des Médicis et tout ce qui était lié à celles-ci (livres, traités et instruments). Il faut mentionner non seulement les collections zoologiques (enrichies récemment par l'achat de la collection d'Arachnides italiens et africains), mais aussi les 600 vitrines qui contiennent la *collection de préparations anatomiques en cire* réalisées par l'École de céroplastique, installée dans le musée jusqu'en 1895. Au premier étage, on entre dans la célèbre Tribune de Galilée que Léopold Ier fit construire en 1841 à l'occasion du Congrès des savants italiens : elle est formée d'un vestibule et d'une salle en forme d'hémicycle, tous deux décorés de marbres, de mosaïques et de fresques .

❼ Via Maggio

Parmi les palais du XVIe s. des familles patriciennes, il faut remarquer au n° 26 le *palais de Bianca Cappello* (la maîtresse puis la seconde femme de François Ier de Médicis) : elle l'avait fait moderniser par B. Buontalenti ; la façade est décorée de grotesques et d'un chapeau de voyage, les armes de la famille.

Boboli : *Fontaine de l'Artichaut et Amphithéâtre*
Kaffeehaus
Bassin de l'Îlot
Fontaine des Mostaccini
Grande grotte

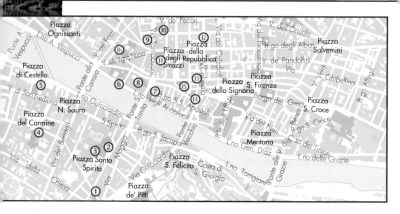

❶ ÉGLISE S. FELICE IN PIAZZA

On en parle déjà en 1066 ; elle remonte, dans ses formes actuelles, au XIVe s. Signalons sa façade très simple attribuée à **Michelozzo** et son portail sculpté. À l'intérieur, une *Madone et des saints* (1520) de **R. del Ghirlandaio** (6e autel sur la droite), dans le CHŒUR un *Crucifix* en bois de l'école de Giotto, et sur le côté gauche, la fresque commencée par **G. da S. Giovanni** et achevée par **Volterrano** en 1636 représentant *Saint Maxime secouru par saint Félix*.

PIAZZA S. SPIRITO

La place entourée de palais construits dans le style du XVe s. se présente comme un jardin avec une fontaine au milieu ; elle est très animée en été grâce aussi à la présence de nombreux restaurants typiques dans les parages. Il faut signaler le PALAIS GUADAGNI, une construction du XVe s. commencée peut-être sur un dessin du **Cro-**

naca pour la famille Dei et qui, avec sa loggia en hauteur, a servi de modèle à de nombreux édifices construits ultérieurement.

❷ ÉGLISE S. SPIRITO
Sur la place s'ouvre la simple façade de l'église du XVIIIᵉ s. L'édifice a été commencé en 1444 par **Brunelleschi** et achevé par ses successeurs en 1487 avec la construction de la coupole. À la fin du XVᵉ s., G. da Sangallo (sacristie) et le **Cronaca** (vestibule) y ont aussi travaillé. Le clocher élancé sur deux étages se termine par un élégant clocheton ; il a été terminé en 1541 sur un dessin de **B. d'Agnolo** tandis qu'entre le XVIᵉ et le XVIIᵉ s., B. Ammannati et A. Parigi ont achevé les bâtiments religieux avec les deux cloîtres.

L'INTÉRIEUR de l'église est en croix latine à trois nefs. Au centre du transept est posée la grande coupole. Si l'on commence la visite par le BAS-CÔTÉ DROIT on peut voir des œuvres allant du XVᵉ au XVIIᵉ s., parmi lesquelles il faut signaler, dans la 4ᵉ chapelle, *Jésus chasse les marchands du Temple* (1572) de **G. Stradano**; le MAÎTRE-AUTEL avec sa balustrade en marbre et un baldaquin couvert par une petite coupole est une œuvre baroque en pierres dures de **G. Caccini** ; dans la partie postérieure, vers l'abside, un *Crucifix* en bois attribué à **Michel-Ange** ; dans la 12ᵉ chapelle, la très belle œuvre de **Filippino Lippi** : *Vierge à l'Enfant, le petit saint Jean, saint Martin et sainte Catherine martyre* (1494), dans la 14ᵉ, le sarcophage de Neri di Gino Capponi, attribué à Bernardo Rossellino (1455). Dans l'ABSIDE, la 17ᵉ chapelle abrite le polyptyque de **M. di Banco**, *Vierge à l'Enfant et quatre saints* (v. 1345) tandis que dans les 19ᵉ et 20ᵉ chapelles, on trouve deux œuvres datées et signées par **A. Allori**, *Les saints martyrs* (1574) et *L'adultère* (1577).

Dans le BRAS GAUCHE DU TRANSEPT, on peut voir les œuvres importantes de la 26ᵉ chapelle comme, par exemple, une *Vierge à l'Enfant,*

Palais Guadagni
Église S. Spirito:
A. Sansovino, Autel du Saint Sacrement
Filippino Lippi, Vierge à l'Enfant et saints

saint Thomas et saint Pierre de **C. Rosselli** (1482) ; l'architecture et la décoration de la très belle CHAPELLE 27 – dite chapelle CORBINELLI – sont dues à **A. Sansovino** (1492) ; dans la chapelle 30, on peut admirer un tableau orné d'un cadre ancien splendide : une *Vierge à l'Enfant et des saints* de **R. del Garbo**.

Dans le BAS-CÔTÉ GAUCHE, se trouve la 34ᵉ CHAPELLE qui abrite une *Vierge, sainte Anne et d'autres saints* de **R. et M. del Ghirlandaio**, et où l'on note la présence de très beaux vitraux datant du XVᵉ s. Par une porte située sous l'orgue, on accède au VESTIBULE : construit par le Cronaca (1494), il se présente comme un espace rectangulaire avec une voûte en berceau à caissons, décorée de figures mythologiques qui est soutenue par douze colonnes corinthiennes. La SACRISTIE (accès par le vestibule) a été construite par G. da Sangallo de 1489 à 1492. Parmi toutes les œuvres, il faut signaler la peinture sur l'autel face à l'entrée : *Saint Fiacre guérissant des malades* (1596) d'**A. Allori**. Dans le PREMIER CLOÎTRE (accès également par le vestibule) les lunettes décorées de fresques représentant les *Scènes de la vie des Augustiniens* sont dues à différents artistes.

❸ CÉNACLE DE S. SPIRITO (Piazza S. Spirito, 29)
Ancien réfectoire du XIVᵉ s. du couvent des Augustins, il se caractérise par sa forme rectangulaire, par son toit à chevrons et ses fenêtres géminées gothiques. Sur l'un des murs la splendide fresque avec des scènes superposées de la *Crucifixion avec Marie, les saintes femmes, Longin et d'autres soldats* et la *Cène* (v. 1365) qui est attribuée à l'**Orcagna**, mais qui est inachevée à certains endroits.

Le Cénacle est le siège de la FONDATION ROMANO, une collection qui a été léguée à la Ville de Florence en 1946 par l'antiquaire Salvatore Romano : elle réunit des statues, des vestiges allant de l'époque préromane jusqu'au XVᵉ s.

❹ ÉGLISE S. MARIA DEL CARMINE

Fondée par les Carmélites en 1268, l'église présente encore des traces d'une structure romane et gothique en dépit des travaux accomplis au cours des siècles ultérieurs, sa structure définitive (1775) est due à G. Mannaioni.

L'INTÉRIEUR en croix latine avec des plafonds décorés de fresques, se caractérise par la présence d'une seule nef et, de chaque côté, cinq chapelles, dont les autels sont décorés ; on peut signaler la 3ᵉ chapelle qui abrite la *Crucifixion* (1560) de **Vasari**.

Dans la CHAPELLE DU MAÎTRE-AUTEL, on peut voir un ciborium en marbre et en pierres dures et le *Monument funéraire de Pierre Soderini*, sculpté par **B. da Rovezzano** (1513). Par le TRANSEPT GAUCHE, on accède à la *Chapelle Corsini* à plan carré et de style baroque romain, achevée en 1683 par P.F. Silvani pour le compte des marquis Bartolomeo et Neri. À l'intérieur on peut voir trois tombeaux et de nombreuses œuvres de **G. B. Foggini**, parmi lesquelles un *sarcophage* où repose le corps de saint André Corsini.

CHAPELLE BRANCACCI (accès par la porte à droite de l'église)

La notoriété de l'église est due surtout aux fresques de **Masaccio** et de **Masolino**.

C'est vers 1423 que Felice Brancacci commanda les peintures aux deux artistes qui

Orcagna, Cène, Crucifixion, *Cénacle de S. Spirito*

Église S. Maria del Carmine : *Masaccio et Filippino Lippi*, Résurrection du fils de Théophile et saint Pierre en chaire

Chapelle Corsini

ont travaillé ensemble jusqu'en 1428 environ. Avec l'exil de Brancacci (1436) et la mort prématurée de Masaccio, les travaux continuèrent lentement et on décida de dédier la chapelle à la *Vierge du Peuple* : c'est là en effet qu'on apporta le tableau sur bois du XIIIe s. qui se trouve encore sur l'autel, une *Vierge* qui est attribuée à **C. di Marcovaldo**.

Les fresques, achevées par **Filippino Lippi** en 1480, représentent les thèmes du *Péché originel* et de la *Vie de saint Pierre*. On distingue : la *Tentation d'Adam et Ève* de **Masolino** ; *Adam et Ève chassés du Paradis* de **Masaccio** dont l'empreinte est dramatique : cette œuvre est considérée comme le point de départ de la peinture de la Renaissance. Vient ensuite l'épisode le plus célèbre de toutes les fresques : *Le paiement du tribut* toujours de Masaccio ; puis, la *Prédication de saint Pierre* de Masolino, le *Baptême des néophites* de Masaccio ; la *Résurrection du fils de Théophile* et *Saint Pierre en chaire* de Masaccio et Filippino Lippi. Cette scène est considérée comme étant la dernière que Masaccio a peinte avant de partir pour Rome. Les portraits de nombreux personnages de l'époque, comme Brunelleschi, Alberti, Masaccio et Masolino sont très intéressants. Les scènes ultimes sont dues à Filippino : *La dispute avec Simon le Mage* et *Le crucifiement de saint Pierre* (dans la première, on peut voir l'autoportrait du peintre : il s'agit du jeune homme avec un béret qui apparaît à l'extrême droite ; dans la seconde on peut voir *Le portrait de Sandro Botticelli*, le maître de Filippino : il s'agit de la personne qui se trouve au milieu du groupe, sur la droite, et qui regarde vers le spectateur), et enfin l'*Ange délivrant saint Pierre*.

❺ ÉGLISE S. FREDIANO IN CESTELLO

L'église, avec sa façade inachevée, a été construite de 1680 à 1689 d'après les plans de l'architecte romain Cerutti. Elle est enrichie d'une coupole (1698) d'A. Ferri et d'un clocher. L'INTÉRIEUR en

croix latine comprend une nef de style baroque et de petites chapelles latérales. Signalons les décorations de la coupole par D. Gabbiani, et l'imposant MAÎTRE-AUTEL du XVIIIᵉ s., en marbre et pierres dures. Dans le TRANSEPT GAUCHE, *Crucifixion et saints* de **J. del Sellaio**.

❻ PALAIS ET GALERIE CORSINI (Lungarno Corsini, 10) (*PANORAMA)
Dessiné par P. F. Silvani (1656), le palais abrite la collection de la GALERIE CORSINI (visite sur rendez-vous) commencée en 1765 par Don Lorenzo Corsini. Elle conserve des chefs-d'œuvre qui ont été réalisés du XVᵉ au XVIIIᵉ s. par des artistes de l'école florentine et des artistes italiens et étrangers.

❼ PALAIS SPINI-FERONI
Édifié à la fin du XIIIᵉ s. comme poste de guet destiné à la surveillance du pont, il se présente aujourd'hui comme une forteresse imposante de trois étages, dont le sommet est orné de créneaux ; il a subi de nombreuses transformations et jusqu'en 1824, il possédait une tour et une arcade. Depuis 1995 il est le siège du MUSÉE SALVATORE FERRAGAMO où sont conservés 10 000 modèles de chaussures créés par la célèbre maison depuis les années 1920. Des films et des photos complètent la collection.

❽ BASILIQUE S. TRINITA
Elle se dresse sur la place du même nom où s'élève au centre la *Colonne de la justice*. L'église a été construite par les moines de Vallombrosa dans la seconde moitié du XIᵉ s. Elle a été agrandie et transformée en style gothique au début du XIVᵉ s. ; les travaux furent achevés au début du XVᵉ s. La façade en pierre forte de style baroque également, a été construite d'après un dessin de B. Buontalenti. L'INTÉRIEUR gothique en croix égyptienne est divisé en trois nefs. BAS-CÔTÉ DROIT. Il faut remarquer la 4ᵉ chapelle fermée par une petite grille en fer et décorée de fresques par **L.**

L. della Robbia, Tombeau de Benozzo Federighi

D. del Ghirlandaio,
Chapelle Sassetti

Monaco en 1425 avec la *Vie de la Vierge* ; sur l'AUTEL, une *Annonciation* du même artiste.

Dans le TRANSEPT DROIT, dans la *Chapelle Sassetti*, on peut voir un cycle de fresques de **D. Ghirlandaio** représentant des épisodes de la *Vie de saint François* (1486), avec la présence de personnages célèbres de l'époque (Francesco Sassetti et son fils ; Laurent de Médicis et, sur l'escalier, Ange Politien avec les enfants de Laurent le Magnifique), et où apparaissent des endroits florentins comme la Piazza S. Trinita, le Palais Spini et le Palazzo Vecchio. Sur l'autel, l'*Adoration des bergers* est aussi de Ghirlandaio.

Dans le CHŒUR, quelques fragments d'un cycle peint par A. Baldovinetti avec des scènes de l'Ancien Testament. Dans le TRANSEPT GAUCHE, dans la 2e chapelle, se trouve le *tombeau de Benozzo Federighi*, évêque de Fiesole (1454), une œuvre en marbre avec des panneaux en faïence polychrome de **L. della Robbia**. Tout près, se trouve la CHAPELLE DES RELIQUES DE SAINT GIOVANNI GUALBERTO, décorée par **Passignano** avec des scènes liées à la vénération du saint.

Dans le BAS-CÔTÉ GAUCHE, dans la 5e chapelle, une statue en bois représentant *Sainte Marie Madeleine* par **D. da Settignano**. Dans la 4e chapelle est enterré le chroniqueur florentin Dino Compagni qui a vécu à la fin du XIVe s. et au début du XVe s.

❾ VIA DE' TORNABUONI

C'est la rue la plus célèbre et la plus élégante de Florence avec ses magasins à la mode et ses très beaux palais Renaissance. Signalons le *Palais Minerbetti* au n°3 ; au n°5, le *Palais Strozzi del Poeta*, un exemple d'architecture baroque de G. Silvani ; au n° 7 le *Circolo dell'Unione* de Vasari sur un projet de **Jean Bologne** ; après le carrefour, au n° 16 le beau *Palais Corsi*, un édifice du XVe s. de **Michelozzo**, avec une loggia transformée par **Cigoli** en 1608.

❿ Église S. Gaetano (piazza Antinori)

Consacrée à l'ordre des Théatins, elle constitue un exemple d'art baroque à Florence (1638). L'intérieur est revêtu de marbre noir.

⓫ Piazza et Palais Strozzi

C'est là qu'a été construit à la fin du XVᵉ s. le palais du marchand Filippo Strozzi l'Ancien. Le projet de **B. da Maiano** prévoyait un cube en bossage, avec des façades identiques sur trois côtés : de 1502 à 1503, c'est le Cronaca qui reprit le projet en y ajoutant la corniche en saillie ainsi que la cour avec un portique à colonnes et une loggia. Les travaux furent interrompus définitivement en 1538 : la façade sud et la moitié de la corniche ne furent pas achevées. Autour de l'édifice, on peut voir les supports en fer forgé des torches et des étendards.

Aujourd'hui le palais appartient à l'État. Quelques-unes de ses salles sont réservées à des expositions temporaires et il est le siège d'institutions culturelles parmi lesquelles il faut citer le *Gabinetto G.P. Vieusseux*: Cabinet fondé en 1819 par le marchand suisse G. Pietro Vieusseux dans le but de promouvoir les sciences et la littérature ; il possède non seulement une vaste bibliothèque qui regroupe 650 000 volumes environ et qui est ouverte au public, mais aussi un atelier de restauration.

⓬ Piazza della Repubblica

Conformément à un plan d'urbanisme du quartier, la place a été construite de 1885 à 1895 sur les anciens bâtiments du Vieux Marché et sur l'ancien forum romain. Dans l'ensemble, la place se présente aujourd'hui comme un élégant salon en plein air avec ses très beaux cafés. Cependant, à l'origine, c'est là que se trouvaient des édifices privés, le ghetto juif, la loggia du Poisson de Vasari qui est à présent sur la Piazza dei Ciompi.

C'est à V. Micheli que l'on doit la construction de l'arc de triomphe avec

une série d'arcades latérales. En 1951, là où se croisaient le *decumanus* et le *cardus* romains, on dressa la *Colonne de l'abondance*.

⓭ LOGGIA DU NOUVEAU MARCHÉ

Ce marché est connu aussi sous le nom de *Marché de la paille* ou du *porcellino* à cause de la fontaine qui, en réalité, représente un sanglier, une copie en bronze de l'original de **P. Tacca**.

La loggia de forme carrée a été commandée par Cosme Ier à G. B. del Tasso (1551) pour y accueillir les commerces des Corporations les plus importantes de l'époque ; au XIXe s. on y ajouta des statues. La loggia est occupée par des étals qui vendent des produits typiques de l'artisanat florentin.

⓮ PIAZZA DI PARTE GUELFA

Elle est entourée de constructions médiévales: l'ancienne église S.Maria Sopraporta (aujourd'hui siège d'une bibliothèque) et le PALAGIO DEI CAPITANI DI PARTE GUELFA, ex-siège de la Magistrature des capitaines partisans des guelfes (d'où son nom). Cet édifice du XIVe s. a été agrandi par Brunelleschi et Vasari, puis remanié au début du XXe s. Il abrite le Calcio Storico Fiorentino – l'ancêtre du football – et accueille des expositions culturelles temporaires.

Il porcellino, *Loggia du Nouveau Marché*

Scheggia, Le jeu de la petite chouette, *Musée de la Casa fiorentina antica*

⑮ Palais Davanzati (piazza Davanzati)

Le palais abrite le Musée de la Casa fiorentina antica – Il a été construit par la famille marchande Davizzi au xiv⁰ s. et, en 1578, il passa aux mains des Davanzati qui l'ont habité jusqu'en 1838. Après plusieurs changements de propriétaires, il est devenu propriété de l'État et le musée a été ouvert en 1956. Sur la façade, il faut remarquer les anneaux en fer qui permettaient d'attacher les chevaux, les 'erri' c'est-à-dire les perches utilisées pour faire sécher le linge et pour accrocher les cages à oiseaux, ainsi que les supports pour les torches et les étendards. Le musée abrite des meubles (coffres, lits, buffets, tables, chaises toscanes), des tableaux, des statues, des tapisseries et des objets de la vie quotidienne (bassines, cruches, assiettes, lampes, fers à repasser et métiers à tisser) d'une famille du xiv⁰ s. On peut constater la beauté de la décoration des murs ; à ne pas manquer la salle des Perroquets et celle des Paons.

⑯ Piazza de' Rucellai

De forme triangulaire, elle a été projetée par L. B. Alberti vers la seconde moitié du xv⁰ s. Sur la place se dresse le Palais Rucellai, construit de 1455 à 1470 par B. Rossellino d'après un projet de son maître Alberti. Aujourd'hui l'édifice est le siège des Archives photographiques Alinari et du Musée d'Histoire de la Photographie des Frères Alinari, qui a été fondé pour abriter d'anciens appareils photographiques et pour accueillir des expositions temporaires de photographie. Face au palais, la loggia de' Rucellai comprend trois arcades avec les emblèmes de la famille (des anneaux avec des diamants, des plumes et des voiles) ; elle était destinée aux fêtes et aux réunions.

5. S. MARIA NOVELLA et OGNISSANTI

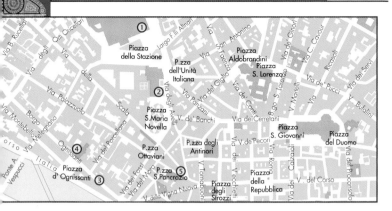

❶ Gare S. Maria Novella

La gare a été construite derrière la Basilique S. Maria Novella de 1933 à 1935, d'après un projet du « Gruppo Toscano » dont le chef de file était G. Michelucci. Elle se caractérise par une architecture moderne qui veut être en parfaite harmonie avec le reste du quartier. À l'intérieur, on découvre la grande verrière, les pavements en marbre serpentin et des décorations (bancs ; fontaines en bronze). Aux murs sont fixées deux détrempes d'**O. Rosai** qui représentent des paysages.

Piazza S. Maria Novella

C'est une des places les plus belles de la ville ; commencée en 1287 par la volonté de la Commune, elle a été achevée quarante ans plus tard environ. Elle a été le centre de la vie religieuse et de la vie publique : c'est là que depuis 1563 se déroulait le *Palio dei Cocchi*, une course de chevaux, dans l'espace délimité par les deux obélisques en marbre dus à Jean Bologne et posés sur quatre tortues.

Sur cette place, se dressent l'église S. Maria Novella et, en face, la Loggia de l'Hôpital de S. Paolo, une ancienne fondation pour les pauvres datant du XIIIe s., mais supprimée en 1780 par le grand-duc Pierre Léopold. Entre les arcades on peut voir des médaillons représentant des saints en terre cuite d'A. della Robbia.

❷ Basilique S. Maria Novella

L'origine de l'ensemble des constructions religieuses remonte à 1221 lorsque les moines franciscains s'installèrent dans l'ancienne église S. Maria delle Vigne (du XIe s.). On entreprit donc la construction d'une nouvelle église qui fut fondée en 1278. Dirigés par les architectes Sisto et Ristoro, les travaux ont été achevés au milieu du XIVe s. et, même si la façade gothique est restée inachevée, l'église a été consacrée en 1420 par le pape Martin V. À l'occasion du Concile de 1439, on

reprit l'idée de compléter la façade et, avec les financements du riche Giovanni Rucellai, on confia la tâche à L. B. Alberti. Ce dernier intégra les éléments gothiques déjà présents dans son dessin typiquement Renaissance. Le résultat est exceptionnel : il s'agit d'une continuité de couleurs et de proportions tout à fait unique. Il faut remarquer le beau tympan triangulaire avec le dessin d'un soleil rayonnant, symbole des Dominicains. Parmi les détails introduits par Alberti, il y a la frise avec le nom de Giovanni Rucellai en capitales et la date de 1470, ainsi que les armoiries de la famille. En 1574, on ajouta à droite un gnome et, à gauche, un globe armillaire.

L'INTÉRIEUR en croix latine et modifié souvent au cours des siècles, est divisé en trois nefs séparées par des colonnes en pierre. C'est l'un des lieux les plus prestigieux de Florence, vu la quantité et la qualité des œuvres d'art et des artistes qui y sont présents : Giotto, Orcagna, Brunelleschi, Masaccio et Filippino Lippi. C'est une suite de chapelles des grandes familles florentines. Dans le BAS-CÔTÉ DROIT (2ᵉ travée) le *Tombeau de la bienheureuse Villana* (1451) de **Rossellino** et **D. da Settignano** ; dans la 6ᵉ travée, la CHAPELLE DE LA PURA, construite en 1473 par les Ricasoli, pour abriter l'image miraculeuse de la Vierge, objet de dévo-

Chapelle Tornabuoni

tion pour les mères florentines ; à l'extrémité du bas-côté, à droite, on accède par un escalier à la CHAPELLE RUCELLAI où, sur l'autel, on peut voir une sculpture en marbre de **N. Pisano** : *Vierge à l'Enfant* (milieu du XVe s.) ; dans le TRANSEPT à droite, on trouve la CHAPELLE BARDI avec une grille en fer et des lampes du XVIIIe s. : sur le pilier à droite, on découvre une peinture antérieure à l'église actuelle : *Saint Grégoire bénissant le fondateur de la chapelle* ; à l'autel, la *Vierge du Rosaire* (1570) de Vasari. Dans la CHAPELLE FILIPPO STROZZI, décorée de fresques par **Filippino Lippi** (1502), se trouve le *tombeau de Filippo Strozzi* de B. da Maiano ; la CHAPELLE DU MAÎTRE-AUTEL ou CHAPELLE TORNABUONI est dédiée à l'Assomption avec un *cycle de fresques* (1490) de **D. del Ghirlandaio**, qui représentent notamment la *Vie de la Vierge* et la *Vie de saint Jean Baptiste et des Évangélistes* et où l'on peut découvrir de nombreux et célèbres personnages de l'époque ; en dessous des peintures, on peut voir le *chœur* en bois sculpté par **B. d'Agnolo** ; sur l'autel, *Crucifix* en bronze de **Jean Bologne**. La CHAPELLE GONDI, recouverte de marbre et de porphyre par **G. da Sangallo** (1503) est célèbre grâce au *Crucifix* de **Brunelleschi**, la seule œuvre en bois de l'artiste. La CHAPELLE GADDI, en marbre et pierres dures, est décorée de fresques de la *Vie de saint Jérôme* et des *Vertus* d'**A. Allori**. Dans le TRANSEPT GAUCHE, CHAPELLE STROZZI de Mantoue, avec des *fresques* (1370 -1377) de **N. di Cione** s'inspirant de la *Divine Comédie* de Dante qui est représenté au fond sur la gauche ; sur l'autel, un tableau sur bois *Le Christ ressuscité qui présente les clés à saint Pierre et un livre à saint Thomas, la Vierge, saint Jean Baptiste et d'autres saints* (1357) dû à l'**Orcagna**.

La SACRISTIE est gothique et le lavabo en marbre et en terre cuite émaillée est de **G. della Robbia**. Des armoires pour y déposer des re-

F. Brunelleschi, Crucifix
Giotto, Crucifix
Masaccio, Trinité
Cloître vert

liques ont été réalisées d'après un dessin de Buontalenti ; à la porte d'entrée, un *Crucifix* en bois de **Giotto**.

Sur le BAS-CÔTÉ GAUCHE (4ᵉ travée), fresque de la *Trinité, la Vierge, saint Jean et les commanditaires Lenzi agenouillés* due à **Masaccio** et, en dessous, un *squelette gisant* (v. 1427) qui est une œuvre fondamentale car l'artiste a mis en pratique les enseignements de perspective mathématique élaborés par Brunelleschi ; un peu plus loin, une *chaire* (1462) en marbre dessinée par celui-ci.

MUSÉE D'ART SACRÉ DE S. MARIA NOVELLA ET LES CLOÎTRES

Le musée est constitué surtout par les cloîtres et le réfectoire qui complètent l'ensemble religieux.

CLOÎTRE VERT - Construit par Fra **J. Talenti** (de 1332 à 1350 et achevé plus tard) et entouré d'arcs surbaissés, il tire son nom des fresques représentant des *Scènes de la Genèse* dues à **P. Uccello** (1425-1430) qui a utilisé des couleurs vertes « a fresco » ; signalons la *Création des animaux*, le *Péché originel*, l'*Arche de Noé*, le *Déluge* et l'*Ivresse de Noé*.

SALLE CAPITULAIRE ou CHAPELLE DES ESPAGNOLS – En 1540, elle fut attribuée par Éléonore de Tolède aux offices religieux des nobles espagnols de sa suite ; de forme rectangulaire, elle se distingue par une seule voûte à croisée d'ogives, soutenue par de grands arcs. La voûte et les murs sont entièrement décorés de fresques d'**A. di Bonaiuto** : il s'agit de peintures qui exaltent l'engagement des Dominicains dans leur combat contre les hérésies ; signalons *La navigation de saint Pierre*, la *Résurrection*, la *Pentecôte*, l'*Église militante et triomphante* et le *Triomphe de saint Thomas d'Aquin*.

CLOÎTRE DES MORTS – C'est un endroit qui existait avant l'arrivée des frères ; il comprend un portique sur deux côtés avec des piliers octogonaux et des voûtes en croisée d'ogives. C'est là que se trouve la CHAPELLE FUNÉRAIRE DES STROZZI, avec des fresques de l'école d'Orcagna.

P. Uccello, Histoires de la Genèse et Vie de Noé

A. di Bonaiuto, Triomphe de saint Thomas d'Aquin, *Chapelle des Espagnols*

D. Ghirlandaio, Cène

Botticelli, Saint Augustin dans son cabinet

RÉFECTOIRE – Il abrite le musée d'Art Sacré où sont exposés les objets ayant appartenu aux frères dominicains tels que des peintures, des reliquaires, d'anciens objets de culte. On peut voir notamment les dessins préparatoires ('sinopies') de **P. Uccello**, les bustes-reliquaires de sainte Ursule, une châsse en cristal de roche avec une relique de la Croix, la *Cène* (1584) d'**A. Allori**.

GRAND CLOÎTRE ET CHAPELLE DES PAPES – Ces deux édifices sont occupés par l'École des sous-officiers des Carabiniers ; on ne peut les visiter qu'avec l'autorisation du Commandement de l'école. La chapelle a accueilli en 1515 le pape Léon X de la famille Médicis et, pour cette occasion, elle a été décorée de fresques par **R. Ghirlandaio** et par **Pontormo** qui peignit une *Véronique*.

❸ BORGO OGNISSANTI

Remarquons au n° 26 la *Maison-galerie* de l'architecte **G. Michelazzi**, un rare exemple d'architecture « art nouveau » à Florence.

❹ ÉGLISE OGNISSANTI

La construction la plus importante sur la Piazza Ognissanti est l'église fondée en 1251 par l'ordre religieux des Humiliés qui se consacraient au travail de filature et de tissage d'étoffes de laine, dont le centre se trouvait à cet endroit du fait de la proximité du fleuve et de la présence des moulins et des ateliers. Le clocher date du Moyen-Âge tandis que la façade, remaniée en 1637 par M. Nigetti, est baroque. Il faut remarquer l'écusson de la ville et le tympan en terre cuite vernissée, situé au-dessus du portail représentant le *Couronnement de la Vierge et des saints*.

L'INTÉRIEUR est à une nef avec un transept. Au-dessus du 2e autel à droite, on peut voir des fresques de **D. Ghirlandaio** représentant la *Pietà*, la *Descente de croix* et la *Vierge de Miséricorde* ; au-dessus du 3e autel, la peinture sur bois *Madone et saints* de **Santi di Tito** (1565) puis la très belle fresque détachée de **Botticelli** : *Saint Augustin dans son cabinet*

de travail (v.1480) ; en face ou presque, *Saint Jérôme travaillant*, une fresque détachée de Ghirlandaio. Dans la CHAPELLE située après le premier autel du transept droit, on peut remarquer sur le pavement une pierre tombale en marbre de Botticelli et de sa famille Filipepi.

Le MAÎTRE-AUTEL en pierres dures datant de 1593-1595 est de **J. Ligozzi** ; le *Crucifix en bronze* est de **G. B. Cennini** (XVIIᵉ s.).

Dans la SACRISTIE, on peut voir des restes de fresques de **T. Gaddi** (XIVᵉ s.) et une croix peinte de l'école de Giotto.

L'ensemble des édifices comprend aussi un cloître et un réfectoire où l'on peut admirer la *Cène*, une fresque de **Ghirlandaio**.

❺ MUSÉE MARINO MARINI (piazza di S. Pancrazio)

Fondé en 1988 dans les locaux de l'ancienne église S. Pancrazio, il abrite la collection des œuvres de l'artiste, Marini (1901-1980). On a divisé l'église en trois étages en suivant le parcours chronologique et thématique de l'auteur. Parmi ses tableaux, remarquons *Les vierges* (1920), une huile sur toile avec des rappels à Piero della Francesca et Masaccio, *Le Lansquenet*, *Jongleurs* (1954) ; il faut également remarquer la *Victoire*, un plâtre (1928), le *Nageur* (en bois), le *Cheval* (en bronze) enfin *Anita*, une terre cuite (1943).

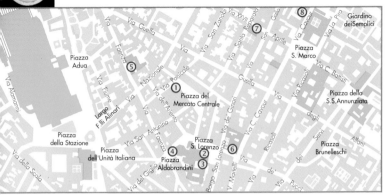

❶ Marché de S. Lorenzo

C'est l'une des plus importantes structures en verre et en fer construites par G. Mengoni en 1874 ; ce marché a été conçu pour le commerce des fruits, des légumes et des produits alimentaires, une fonction qu'il conserve encore aujourd'hui.

Piazza S. Lorenzo

La vaste place, célèbre pour son marché, est entourée par l'église qui porte le même nom et par des édifices des XVᵉ et XVIᵉ s. notamment par le *Palais Lotteringhi della Stufa* au n°4.

Devant l'église se dresse le *Monument de Jean des Bandes Noires* (1540), l'un des chefs de file de la famille Médicis, par **B. Bandinelli**.

❸ Basilique S. Lorenzo

Consacrée en 393 par saint Ambroise et dédiée au martyr Laurent, ce fut la première cathédrale de la ville jusqu'au VIIIᵉ s. L'église a été

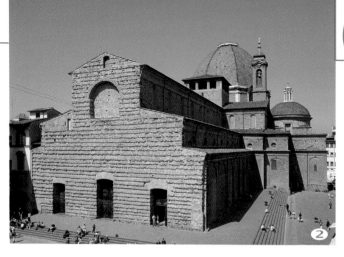

reconstruite en style roman et consacrée de nouveau en 1059. En 1418, elle a été placée sous la responsabilité des Médicis qui décidèrent de la rénover entièrement à leurs frais et aux frais des familles du quartier, en échange d'une chapelle à l'intérieur de l'église. Les travaux ont été confiés à Brunelleschi qui présenta ses dessins en 1421 à Jean de Médicis, gonfalonier de la ville. L'église fut achevée en 1461 et l'on ajouta au projet primitif la construction d'une bibliothèque et du mausolée de la Chapelle des Princes. Malgré des travaux effectués au XIXe s., l'INTÉRIEUR donne l'impression d'une grande harmonie grâce à la décoration en pierre grise qui contraste avec le crépi blanc. L'église abrite des œuvres d'une grande importance.

Rosso Fiorentino, Mariage de la Vierge
Donatello, Chaire de la Résurrection

BAS-CÔTÉ DROIT, dans la 2e CHAPELLE : le *Mariage de la Vierge* (1523) de **R. Fiorentino** ; entre la dernière chapelle de ce bas-côté et le transept un *Autel du Saint Sacrement* (v. 1460) en marbre par **D. da Settignano**. Sous les deux dernières arcades de la nef, l'un en face de l'autre, deux chaires en bronze en forme d'urne, posés sur des colonnes ioniques, œuvres tardives de **Donatello**. Dans la CHAPELLE DU MAÎTRE-AUTEL, l'autel a été réalisé en 1787 par l'Atelier des Pierres Dures.

TRANSEPT GAUCHE, 1e chapelle : sculpture en bois de **G. Fetti** représentant la *Vierge à l'Enfant*.

Ancienne Sacristie

P. et F. Tacca, Monument à Ferdinand Iᵉʳ

Dans la 2ᵉ chapelle, on peut voir le retable *Saint Antoine abbé avec saint Laurent et saint Julien* dû aux élèves de **D. Ghirlandaio**.

ANCIENNE SACRISTIE – Au fond du transept, on accède à l'Ancienne Sacristie construite par Brunelleschi de 1421 à 1426 : elle devait être la chapelle de Jean de Médicis. Confiée à Donatello, la décoration se caractérise par des *bas-reliefs* avec des anges qui courent le long des murs, des *lunettes* au-dessus des portes, des *lavabos* avec, à droite, *Saint Cosme et saint Damien* – les patrons des Médicis – et, à gauche, les médaillons qui représentent les *Évangélistes,* et les *écoinçons* avec la *Vie de saint Jean l'Évangéliste*. Au centre, une table en marbre indique la *tombe de Giovanni di Bicci de Médicis et de sa femme Piccarda Bueri*, une œuvre du **Baggiano**, avec des festons, des anges et les armoiries médicéennes. À gauche, le tombeau de Pierre et de Jean de Médicis, les fils de Cosme l'Ancien : c'est une œuvre ciselée en porphyre de Verrocchio (1472). La peinture à la voûte de l'abside représente la position des astres le 4 juillet 1442.

De retour dans l'église, on trouve la CHAPELLE DE SAINT COSME ET DE SAINT DAMIEN, appelée aussi chapelle « des Reliques » : dans des armoires sont conservés les reliquaires laurentiens. La CHAPELLE MARTELLI est la dernière du bas-côté gauche : elle est décorée d'un tableau de Filippo Lippi représentant l'*Annonciation*. PREMIER CLOÎTRE – Sur les murs de ce cloître, qui comprend un jardin, sont fixées de nombreuses plaques en l'honneur d'hommes de lettres et de membres de familles nobles.

❸ BIBLIOTHÈQUE MÉDICÉENNE-LAURENTIENNE (accès après les cloîtres)
Elle a été construite à partir de 1524 par Michel-Ange pour le compte du pape Clément VII – qui était un Médicis – et dans le but d'y installer la bibliothèque fondée par Cosme l'Ancien. Le fonds comprenait de précieux manuscrits, en particulier un papyrus gréco-

égyptien du IIIe s. av. J.C. et de splendides manuscrits enluminés. Les travaux de construction ont été achevés en 1568. La grande SAL-LE possède 28 sièges et autant de lutrins; le plafond en bois sculpté (1550) et le pavement avec des motifs identiques sont vraiment remarquables.

❹ CHAPELLES MÉDICÉENNES (Piazza Madonna degli Aldobrandini, 6) Elles comprennent la CHAPELLE DES PRINCES et la NOUVELLE SACRISTIE. Cosme Ier voulait en faire un Mausolée pour célébrer la dynastie des Médicis et l'ensemble a été réalisé par M. Nigetti (1644) sous Ferdinand Ier.

On entre dans la CRYPTE due à Buontalenti, où l'on peut voir quatre niches qui abritent les dépouilles des membres de la famille des Médicis et des Lorraine, en particulier Jean des Bandes Noires et Anne Marie Louise. Dans le souterrain (ouvert seulement à l'occasion d'expositions), le *Tombeau de Cosme l'Ancien* par **Verrocchio** et la *Pierre tombale de Donatello*. On monte aux Chapelles. L'édifice octogonal est surmonté d'une coupole qui a été décorée en 1828 de fresques représentant des *Scènes de l'Ancien et du Nouveau Testament*. Ce qui est extraordinaire, c'est la splendide décoration des murs revêtus de marbres et de pierres précieuses, réalisée par l'Atelier des Pierres Dures qui acheva aussi le pavement en 1962. Sur les plinthes, les écussons, également en pierres dures ou en lapis-lazuli, en corail et en nacre, des vieilles villes toscanes soumises au grand-duché. C'est ici que reposent les Médicis de Cosme Ier à Cosme III : chaque sarcophage devait être complété par une statue du prince, mais seules celles de Ferdinand Ier et de Cosme II ont été réalisées en bronze doré par P. et F. Tacca. TRÉSOR DE LAURENT : près de l'autel, on peut voir des reliquaires, des vases en cristal de roche de Laurent le Magnifique.

NOUVELLE SACRISTIE

Un couloir mène à la Nouvelle Sacristie: elle a été commencée en 1520 par Michel-Ange sur une commande du pape Léon X pour accueillir les dépouilles de la famille de Laurent le Magnifique. Après bien des vicissitudes les travaux ont été achevés par Ammannati et Vasari (1555).

De forme carrée, elle est surmontée d'une coupole. Au pied de la *Vierge à l'Enfant* (1521) de Michel-Ange reposent les dépouilles de Laurent de Médicis et de son frère Julien. On trouve ensuite le tombeau de Julien, duc de Nemours, en armes ; sur le sarcophage, aux pieds du prince, les statues du *Jour* à droite et de la *Nuit* à gauche, avec les symboles nocturnes du pavot et de l'effraie. En face, le monument à Laurent, duc d'Urbin (1533), condottiere, petit-fils de Laurent le Magnifique, dans une attitude pensive ; à ses pieds,

Michel-Ange : Tombeau de Julien de Médicis, duc de Nemours ;

Tombeau de Laurent de Médicis, duc d'Urbin ;

Vierge à l'Enfant

Palais Médicis Riccardi : *Cour de Michelozzo*

B. Gozzoli, Cortège des Rois Mages, *détail*

les statues de l'*Aurore* et du *Crépuscule*. Sur l'autel, on peut remarquer un *Crucifix* en bronze attribué à **Jean Bologne**.

5 Cénacle de Foligno (via Faenza, 40)
C'est un ancien couvent des religieuses de Foligno. L'ensemble est important car le réfectoire – ou salle du Cénacle – abrite la *Cène*, une œuvre conçue d'après un dessin du **Pérugin** et réalisée par ses élèves.

6 Palais Médicis Riccardi (via Cavour,1 – autrefois via Larga)
C'est aujourd'hui le siège de la préfecture et d'autres institutions administratives, mais il fut la première résidence des Médicis alors en pleine ascension. C'est en 1437 que Cosme l'Ancien chargea **Michelozzo** di Bartolomeo de construire ici sa nouvelle demeure. La façade se caractérise par la présence de fenêtres géminées avec les armes des Médicis et, sur les angles de la construction, on peut remarquer les armoiries des Médicis et celles de la famille Riccardi qui acheta le palais en 1659. Les nouveaux propriétaires ont fait construire une nouvelle aile semblable à l'architecture de l'édifice. Les cours du palais – La première est celle qui a été conçue par Michelozzo : elle comprend un portique à colonnes corinthiennes. C'est ici qu'est conservée la *collection Riccardi* qui réunit plus de 300 vestiges archéologiques. La deuxième cour est un jardin avec des citronniers et des statues.

Chapelle des Mages
En montant par le premier escalier situé à droite et dû à G.B. Foggini, on arrive à la magnifique Chapelle des Mages décorée de fresques de **B. Gozzoli**. La salle carrée comprend une petite tribune où est installé l'autel sur lequel est exposé un retable représentant la *Nativité*. Les parois ont été décorées avec les scènes du *Cortège des Rois Mages*, scènes qui sont liées à celle du retable. Parmi les personnages représentés, on peut reconnaître :

à gauche, le frère de Laurent, Julien, le garçon avec un lynx sur son cheval ; Pierre le Goutteux qui apparaît dans la partie droite, au milieu de la foule des cavaliers placés derrière Laurent le Magnifique qui, lui, est représenté dans un carrosse doré. Sur le cheval au front orné d'une étoile en or, on reconnaît G. Maria Sforza, tandis que l'auteur des fresques – B. Gozzoli – s'est peint avec un bonnet rouge portant l'inscription en lettres dorées « Opus Benotii ». La visite continue en passant d'abord par la salle « des QUATRE SAISONS », ainsi appelée à cause du thème des tapisseries du XVIIe s., où l'on peut voir une *Vierge à l'Enfant* de **Filippo Lippi**, puis en traversant la GALERIE baroque due à P.M. Baldi. Dans le palais, se trouve la BIBLIOTHÈQUE RICCARDIANA (accès par via de' Ginori, 10) : elle a été ouverte au public en 1715, elle rassemble 4000 manuscrits environ, parmi lesquels il faut citer le *Virgilio riccardiano* enluminé, 700 incunables et plus de 50 000 volumes.

❼ CÉNACLE DE S. APOLLONIA (via XXVII Aprile, 1)

C'était le réfectoire du monastère des bénédictines de S. Apollonia dont la fondation est très ancienne (1339). Devenu propriété de l'État en 1891, il est devenu le MUSÉE ANDREA DEL CASTAGNO, un peintre en activité à Florence en 1444 et auteur des fresques et des *sinopie* que l'on peut admirer ici. Parmi les plus belles scènes, citons la *Résurrection*, la *Crucifixion* et la *Cène*.

❽ CLOÎTRE DU SCALZO (Cloître du déchaussé, via Cavour, 69)

Il est appelé ainsi parce que, durant les processions, le porte-croix de la compagnie des Disciplinati de saint Jean Baptiste marchait pieds nus. Le cloître est décoré de fresques dues à **A. del Sarto** (premières décennies du XVIe s.) avec la *Vie de saint Jean Baptiste* ; deux scènes ont été achevées par **Franciabigio** en 1518.

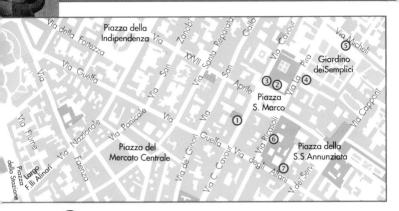

❶ BIBLIOTHÈQUE MARUCELLIANA (via Cavour, 43)

C'est un important centre culturel fondé entre le XVIIe et le XVIIIe s. par l'abbé d'origine noble Francesco Marucelli. Ouvert en 1752, il possède un important patrimoine libraire qui compte environ 554 000 volumes, 2574 manuscrits et 30 405 lettres et documents.

❷ ÉGLISE S. MARCO (piazza S. Marco)

En 1437 Cosme l'Ancien chargea Michelozzo d'agrandir l'église romano-gothique du couvent construit au XIIIe s. La nouvelle église fut consacrée six ans plus tard. C'est dans ce couvent qu'ont vécu Fra Angelico, Fra Bartolomeo, saint Antonin, évêque de Florence, et surtout le prédicateur Girolamo Savonarole. La façade de l'église a subi d'ultérieures transformations avant d'être refaite en style baroque (1780). L'INTÉRIEUR à une seule nef a été lui aussi modifié au XVIe s. par Jean Bologne (chapelles latérales) et au XVIIe s. par Silvani (tribune et plafond). Sur la FAÇADE INTÉRIEURE on peut voir un *Crucifix* de l'école de Giotto ; au premier autel situé à droite, *Saint Thomas en prière devant le Crucifix* (1593) par **Santi di Tito** ; au deuxième, *Vierge et saints* de l'artiste Baccio della Porta, plus connu sous le nom de **Fra Bartolomeo** ; au quatrième autel, *Saint Zanobi*, sculpté par **Jean Bologne**. Dans la SACRISTIE de Michelozzo, on peut voir un *sarcophage* en marbre noir avec une figure en bronze de saint Antonin attribué à Jean Bologne et les *ornements de saint Antonin* d'après un dessin d'**A. Allori** (XVIe s.). La coupole achevée en 1712 a été décorée de fresques par **A. Gherardini**. Au maître-autel, *Crucifix* (1425-1428) de **Fra Angelico**.

En partant du chœur, on arrive à la CHAPELLE SERRAGLI ou CHAPELLE DU SAINT SACREMENT avec des fresques de Santi di Tito et de **B. Poccetti**. Dans le transept gauche, la CHAPELLE DE SAINT ANTONIN ou CHAPELLE SALVIATI avec des fresques de **G. B. Baldini**. On doit à **Passignano** les fresques du VESTIBULE et à Jean Bologne les bas-reliefs en bronze représentant la *Vie de saint Antonin*. Dans l'église au troisième autel, il faut remarquer les pierres tombales des humanistes *Pic de la Mirandole et du Politien*.

❸ MUSÉE S. MARCO

Au lendemain de 1866, une partie du couvent a été transformée en musée; on y accède en visitant au rez-de-chaussée le CLOÎ-TRE SAINT ANTONIN, construit par Michelozzo et décoré de fresques; la scène *Saint Dominique au pied de la croix* de Fra Angelico est remarquable. On retrouve les œuvres de cet artiste dans la salle suivante, l'HOSPICE qui accueillait les pèlerins les plus pauvres. Parmi les plus belles peintures de Fra Angelico, il convient de mentionner aussi une *Déposition de Croix* (1492), le *Retable de San Marco* et celui d'*Annalena* ; le *Tabernacle des Linaioli* (la corporation des Liniers) avec douze anges musiciens et l'armoire de l'argenterie avec trente-cinq petits tableaux illustrant la *Vie du Christ*. Dans la SALLE CAPITULAIRE, on trouve une fresque du même artiste, qui représente une *Crucifixion et des saints* (1442), et un *Crucifix* en bois (1496) de **B. da Montelupo** ; il faut également signaler la cloche appelée la 'Piagnona' parce qu'elle battit le rappel des disciples de Savonarole, quand celui-ci fut arrêté en 1498 par les soldats des Médicis.

On passe ensuite dans la salle du RÉFECTOIRE (cénacle) décoré de fresques par **D. Ghirlandaio** avec une *Cène* (1480). Au rez-de-chaussée, dans la SALLE DU LAVABO, le visiteur peut voir une fresque de **P. Uccello** dans la lunette, des peintures de Fra Bartolomeo et de **M. Albertinelli** et la *Vierge en majesté à l'Enfant*, une terre cuite vernissée de **L. della Robbia**. La SALLE DE FRA BARTOLOMEO est consacrée à cet artiste qui y peignit le *Jugement dernier* (1499) et le *Portrait de Savonarole*.

PREMIER ÉTAGE – Il est formé de trois corridors répartis autour du cloître Saint Antonin ; c'est là que se trouvent les 43 cellules

Cloître de saint Antonin
Fra Bartolomeo, Portrait de Savonarole

des moines. Ici, de 1442 à 1445, Fra Angelico, aidé par ses élèves – en particulier B. Gozzoli – peignit un *Cycle de fresques* (les sinopies sont probablement de lui). Parmi les scènes les plus significatives, citons : l'*Annonciation* (autographe v. 1440), la *Crucifixion*, le *Couronnement d'épines*, *Noli me tangere* et la *Transfiguration*; dans la cellule 25, on peut voir la *Vierge des ombres*. Dans le troisième corridor, on reconnaît la griffe de **Gozzoli** dans la *Tentation du Christ*, la *Prière au jardin des Oliviers*, et dans l'*Adoration des Mages*, peinte dans la cellule de Cosme l'Ancien. C'est là que se trouve l'entrée de la Bibliothèque où sont exposés par roulement, 115 manuscrits qui ont été enluminés par des artistes célèbres tels que Fra Angelico et D. Ghirlandaio.

❹ Musée d'Histoire Naturelle (via G. La Pira, 4)
Le grand-duc Pierre Léopold de Lorraine avait fondé un musée en 1775 et c'est là que le Musée d'Histoire Naturelle a pris naissance. L'importance du matériel et des documents qui constituent l'ensemble des collections justifie leur répartition dans plusieurs endroits de la ville. Ici, sont conservées en plusieurs sections les collections du Musée de Minéralogie et de Lithographie (environ 45000 morceaux de minéraux), du Mu-

SÉE DE GÉOLOGIE et de PALÉONTOLOGIE (environ 300000 échantillons de fossiles et de roches ainsi qu'un mammifère de l'ère tertiaire) et enfin celles du MUSÉE BOTANIQUE : ce dernier avait été fondé en 1842 par Filippo Paratore et, avec ses douze salles, il constitue l'exposition permanente la plus importante de ce genre en Italie.

5 JARDIN DES SIMPLES OU JARDIN BOTANIQUE (via P. A. Micheli, 3 ; ouverture saisonnière) C'est un musée en plein air qui s'étend sur deux hectares environ ; il a été créé en 1550 par Cosme Iᵉʳ. Le dessin a été confié à Tribolo avant d'être modifié ultérieurement. Parmi les arbres centenaires, il faut remarquer l'if planté en 1720 par Micheli. On y cultive 6000 espèces d'arbres provenant du monde entier.

6 GALERIE DE L'ACADÉMIE (via Ricasoli, 60) Elle a été fondée en 1784 comme atelier de formation pour les étudiants de la toute proche Académie des Arts; initialement, elle rassemblait uniquement des œuvres de l'école florentine du XIVᵉ- XVIᵉ s. car elle était la meilleure et la seule école de ce type. Avec la fermeture des couvents et la suppression des confréries à la fin du XVIIIᵉ s., un grand nombre de peintures ayant un thème religieux ont été réunies ici, mais leur nom-

B. Angelico, Annonciation; Déposition de Croix; Le Christ, la Vierge et Saint Dominique; Tabernacle des Liniers
Galerie de l'Académie:
Michel-Ange, David
Galerie
École russe, Sainte Catherine

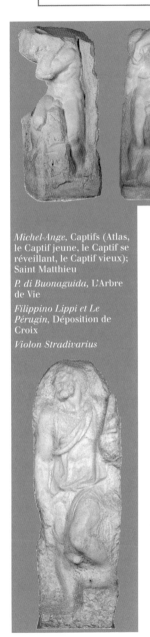

Michel-Ange, Captifs (Atlas, le Captif jeune, le Captif se réveillant, le Captif vieux); Saint Matthieu

P. di Buonaguida, L'Arbre de Vie

Filippino Lippi et Le Pérugin, Déposition de Croix

Violon Stradivarius

bre diminua après l'arrivée du *David* de **Michel-Ange** en 1873. Au XIXᵉ s. le musée a accueilli d'autres œuvres du célèbre artiste, une gypsothèque d'œuvres de sculpteurs du XIXᵉ s. et enfin une collection d'icônes russes provenant des Lorraine.

Salle du Colosse – C'est la deuxième des neuf salles qui constituent le musée ; elle abrite le modèle original en plâtre de *l'Enlèvement des Sabines* de **Jean Bologne**. On peut remarquer aussi le *Mariage mystique de sainte Catherine* de Fra Bartolomeo et la *Déposition de Croix* de **Filippino Lippi** et du **Pérugin**.

Galerie – C'est ici que sont exposés les *Quatre Captifs* (v. 1530), une œuvre de Michel-Ange qui était destinée au tombeau du pape Jules II à Rome, mais qui est restée inachevée. C'est le neveu du célèbre sculpteur qui les donna au grand-duc Cosme Iᵉʳ qui les fit mettre dans la grotte de Buontalenti au jardin Boboli. Les statues ont été ensuite transportées ici ; on distingue à droite, le *Captif jeune* et le *Captif barbu*; à gauche, le *Captif se réveillant* et *Atlas*. Entre les Captifs, à droite est installée depuis 1831 la sculpture de *Saint Matthieu* : elle faisait partie d'une série inachevée d'Apôtres, destinée aux chapelles du chœur de la cathédrale. Il faut également remarquer la *Pietà de Palestrina* (v.1550) dont l'attribution à Michel-Ange n'est pas certaine. Le *David* est placé au fond de la

galerie de la Tribune néo-classique spécialement aménagée en 1882 pour l'accueillir. La statue est grandiose : elle atteint 4,10 m. de hauteur ; elle a été sculptée par Buonarroti de 1501 à 1504. Ce personnage a été choisi car il a été pendant de longues années le symbole de la ville de Florence et l'emblème de la ruse qui l'emporte sur la force. L'œuvre devait occuper la tribune de la cathédrale mais, en souvenir des libertés civiles et politiques, on décida de la placer devant le Palais de la Seigneurie. Dans les bras de la tribune sont exposées des œuvres d'artistes contemporains de Michel-Ange ; parmi elles, citons *Vénus et Amour* (v. 1555) due à **Pontormo** d'après un dessin du célèbre sculpteur ; *l'Entrée du Christ à Jérusalem* de **Santi di Tito** et le *Débat sur l'Immaculée Conception* de **C. Portelli**.

SALLES FLORENTINES – Ici sont exposées des peintures du xvᵉ s. florentin. On pourra admirer le célèbre *Coffre de mariage Adimari*, une œuvre de jeunesse de **Scheggia**, avec la représentation fidèle d'un cortège nuptial autour du Baptistère, la *Thébaïde* attribuée à **P. Uccello**, la *Vierge à l'Enfant, le petit saint Jean et deux anges* (v. 1468), une œuvre de jeunesse de **Botticelli** et la tendre *Vierge de la mer* attribuée à Filippino Lippi. Parmi les retables les plus importants signalons la *Résurrection* de **R. del Garbo**.

GYPSOTHÈQUE DE BARTOLINI : La salle a été aménagée en 1985 pour accueillir l'ensemble des plâtres créés par Lorenzo Bartolini, le maître-sculpteur le plus important de l'Académie des Beaux-Arts au xixᵉ s. SALLE DES PRIMITIFS – On les appelle aussi salles 'byzantines' parce qu'elles abritent des peintres florentins des xiiiᵉ et xivᵉ s. Il convient de signaler le beau tableau de **P. di Buonaguida** : *l'Arbre de Vie*, et les 22 petits panneaux de **T. Gaddi** dessinés vers 1330 et provenant de l'église Santa Croce.

SALLES AU PREMIER ÉTAGE – Depuis 1985, ces quatre salles réunissent des peintures florentines des xivᵉ et xvᵉ s. ; parmi elles figurent l'Annon-

Musée et Atelier des Pierres Dures:

Tables de travail et vitrines de pierres dures

Porte d'un secrétaire avec tournesol

Écusson médicéen

ciation et la prédelle pour le *Retable de S. Trinita* di **L. di Monaco** et l'*Annonciation* gothique du **Maître de la Vierge de Strauss**. La troisième salle est consacrée à la collection d'icônes russes ayant appartenu aux Lorraine. Au rez-de-chaussée, on peut voir l'EXPOSITION DES INSTRUMENTS DE MUSIQUE du Conservatoire Luigi Cherubini (à côté de l'Académie) qui possède des pièces rares provenant des collections des Médicis et des Lorraine, parmi lesquels de très précieux violons 'Stradivarius.

❼ MUSÉE ET ATELIER DES PIERRES DURES (78, via degli Alfani)

C'est Ferdinand Ier de Médicis qui a créé l'Atelier (1588), initialement installé aux Offices avant d'être transféré ici en 1796. On peut voir une série d'œuvres en pierres dures et en gypse, ainsi que des peintures sur pierre et une variété intéressante de pierres.

L'Atelier des Pierres Dures est un musée non seulement unique, mais aussi très particulier de l'art florentin parce que c'est justement dans les lointaines racines de l'histoire de la ville qu'il faut rechercher l'amour et la culture pour ce type de travail à la main.

La passion pour les objets en pierres dures était née à la Cour des Médicis et elle a pu s'exprimer dès le XVe s. grâce à la constitution progressive de collections privées réunissant de précieux camées, des pierres et des vases classiques, avant de se transformer au siècle suivant lorsque le grand-duc a voulu fonder un atelier moderne, capable de faire revivre la tradition artistique des Florentins. En effet, en 1588, Ferdinand Ier créa la 'Galerie des Travaux' où initialement plusieurs maître milanais spécialisés dans le travail du cristal de roche sont venus travailler avant d'être rejoints par des artisans nés à Florence ou originaires de l'Europe du Nord, ce qui permit de donner vie à un creuset artistique hétérogène et cosmopolite. L'atelier s'est assez rapidement spécialisé dans la fabrication de compositions en marqueterie, c'est-à-dire en mosaïque de pierres dures, taillées puis assemblées avec une telle précision qu'elles ressemblent à de véritables 'peintures sur pierre'.

Des tables, des bonheurs-du-jour, des coffrets, des échiquiers, des objets de culte (tels que ceux de la Chapelle des Princes qui illustrent parfaitement cette tradition) ont été laborieusement fabriqués en utilisant de fines plaques où étaient assemblées les différentes pierres. Les natures mortes, les paysages, les portraits, les scènes de tout genre, les armoiries et les écussons prenaient ainsi forme grâce à l'assemblage de pierres colorées, les plus diverses les unes des autres et dont les caractéristiques étaient savamment mises en valeur par les maîtres de l'atelier. D'autres artisans, spécialisés dans le travail du bronze, de l'émail, de l'ébène, achevaient les œuvres et contribuaient à rendre absolument uniques les créations de leurs collègues.

Les diverses productions de l'Atelier sont venues enrichir au cours des siècles le patrimoine des demeures médicéennes, mais elles n'ont pas tardé à être convoitées par les souverains des plus importantes Cours européennes: on dirait aujourd'hui qu'elles ont constitué en quelque sorte un *status symbol*. Elles permirent à l'art florentin – véritable symbole du pouvoir des Médicis puis, à partir de 1737, de celui des Habsbourg Lorraine – de se distinguer à travers le monde.

Les activités de l'Atelier ont perduré jusqu'à la fin du XIXe s. et ont évolué ensuite au profit de la restauration d'œuvres d'art. La naissance du Musée repose donc sur cette longue histoire de l'Atelier et des hommes qui y ont travaillé. Le visiteur peut voir non seulement des œuvres en marqueterie, des collections de pierres rares dues à la volonté des grands-ducs, mais aussi des dessins, des modèles et divers outils qui ont été utilisés par les artisans de l'atelier et qui témoignent de trois siècles inoubliables d'histoire de l'art.

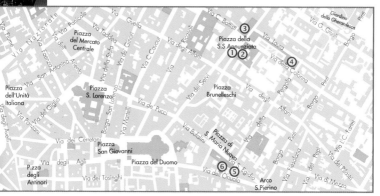

❶ PIAZZA SS. ANNUNZIATA

C'était déjà au XIIIe s. un centre important pour les rencontres sociales : en effet, c'est là que se tenaient le marché hebdomadaire du samedi, la fête de l'Annonciation de la Vierge le 25 mars (qui correspondait au début de l'année à Florence) et la fête populaire, la 'Rificolona', qui se déroule dans la nuit du 7 au 8 septembre en souvenir de la naissance de Marie (la tradition veut que l'on rende hommage à la Vierge à l'intérieur de l'église, en tenant à la main un lampion). Au centre de la place se dressent deux fontaines avec des monstres marins, réalisées par **P. Tacca** (1629) et la *Statue équestre du grand-duc Ferdinand Ier* (1608) commencée par **Jean Bologne** et achevée par ce même Tacca.

La partie la plus intéressante est certainement celle qui a été conçue par Brunelleschi. Ce dernier redessina la place dans la seconde moitié du XVe s. et projeta de construire deux portiques de part et d'autre de l'église: celui de l'Hôpital des Innocents (1419) et, en face, celui

de la Confrérie des Servites de Marie ou *Portique des Servites*, commencé en 1516 seulement, d'après un dessin d'A. da Sangallo l'Ancien et B. d'Agnolo.

❷ HÔPITAL DES INNOCENTS
À droite de la place se trouve l'institut qui, dans le passé, était important pour l'éducation des enfants abandonnés dans la 'roue', une pierre qui tournait et qui était placée à l'extrémité opposée du portique. Commencé en 1419 et financé par la puissante corporation de l'Art de la Soie, l'Hôpital a été inauguré en 1445. L'architecte a créé et obtenu une symétrie parfaite pour les espaces situés entre les arcades car la longueur de l'entrave entre les colonnes est égale à leur hauteur. En 1487, on a posé huit médaillons en terre cuite vernissée blanche et bleue, qui représentent des enfants emmaillotés et qui sont dus à A. della Robbia. La voûte et les tympans ont été décorés de fresques par B. Poccetti.

CLOÎTRE DES HOMMES – Achevé en 1470, le cloître correspond au passage qui conduit à la pinacothèque. Il comprend des décorations avec les emblèmes de l'Art de la Soie (la porte), de l'hôpital S. Maria della Scala (l'escalier) et de l'Hôpital S. Gallo (le coq).

PINACOTHÈQUE – On peut y admirer des œuvres ayant pour thème la religion : une *Vierge à l'Enfant et un ange* du jeune **Botticelli** ; une terre cuite, *Vierge à l'Enfant* (1450), de **L. della Robbia** et la *Madone des Innocents* de **F. Granacci**.

❸ BASILIQUE-SANCTUAIRE SS. ANNUNZIATA
Fondé en 1250 par les Frères de l'ordre religieux des Servites de Marie comme petit oratoire pour honorer la Vierge, l'édifice a été agrandi de 1444 à 1477 avec l'adjonction de la tribune circulaire avec une coupole, qui a été entreprise par Michelozzo et achevée par L. B. Alberti. Sous le portique, on peut voir trois portails ; celui qui se situe au centre mène au CLOÎTRE DES VŒUX où, jusqu'en 1780,

D. Ghirlandaio, Adoration des Mages
Cloître des Vœux

les fidèles accrochaient leurs ex-voto. Dans l'atrium, le visiteur peut remarquer la galerie de fresques de la Renaissance : la *Naissance de Marie* (1514) et *l'Adoration des Mages* **d'A. del Sarto**, le *Mariage de la Vierge* (1513) de **Franciabigio**, la *Visitation* (1516) de **Pontormo** et *l'Assomption* (1517) de **R. Fiorentino**. Ajoutons à cette liste les deux bénitiers en bronze **d'A. Susini** (1615) et *l'Histoire de saint Philippe Benizzi* **d'A. del Sarto**.

INTÉRIEUR – À une seule nef, l'église se caractérise par un style essentiellement baroque, surtout dans les décorations. Au plafond sculpté, on peut voir *l'Assomption*, une œuvre peinte par **Volterranno** de 1664 à 1670. La CHAPELLE DE L'ANNONCIATION en forme de petit temple mérite une attention particulière : construite en marbre et fermée par une petite grille en bronze, elle est couverte d'ex-voto ; l'autel en argent massif abrite *l'Annonciation*, une fresque vénérée surtout par les jeunes mariés parce que l'on croit très fortement qu'elle porte bonheur. D'autres chapelles, situées sur le CÔTÉ GAUCHE de la nef, sont également intéressantes : la IIe et la IIIe avec des fresques (1456) **d'A. del Castagno** représentant *Saint Julien*; la IVe avec le *Jugement dernier* **d'A. Allori**, dans la Ve, sur l'autel, est exposé un tableau du **Pérugin**, *l'Assomption*. Dans la CHAPELLE DES RELIQUES à droite vers la sacristie, sont conservées les dépouilles de Passignano, l'artiste qui a décoré cette chapelle et qui a été enterré ici en 1638. Le CHŒUR en forme de rotonde et construit d'après un dessin de Michelozzo s'ouvre sur neuf chapelles absidiales ; la décoration est baroque et sur le maître-autel, le ciborium et le 'paliotto' en argent sont remarquables ; sous la tribune des chantres dans la petite chapelle sont conservés deux *anges* par **Empoli** ; dans la chapelle IV, la *Résurrection* **d'A. Bronzino**. La chapelle V dite chapelle de la VIERGE DU SECOURS est consacrée aux œuvres de Jean Bologne. CÔTÉ DROIT DE LA CHAPELLE VIII : un *Crucifix* (v. 1450) attribué à **A. del**

Castagno et le groupe en marbre de la *Pietà* de **B. Bandinelli** qui est enseveli ici. Ce dernier s'est représenté sous les traits de Nicomède. Le visiteur peut également voir de nombreux tombeaux comme, par exemple, le *Sépulcre du marquis Luigi Tempi* (1849) d'**U. Cambi**, la tombe avec un buste de **G. Stradano** (1605), le *Tombeau de l'évêque Angelo Marzi Médicis* (1546) par **F. da Sangallo**.

CLOÎTRE DES MORTS – On y accède par le transept gauche (demander au sacristain). Les fresques des tympans représentent l'*Histoire de l'ordre des Servites de Marie* et elles ont été peintes par différents artistes parmi lesquels Poccetti. La très belle *Vierge au sac* (1525) au-dessus de la porte de l'église est d'**A. del Sarto**.

CHAPELLE DE LA CONFRÉRIE DE SAINT LUC – Elle se situe à la droite du cloître. La Confrérie était une institution du XIIIᵉ s. réunissant des artistes italiens et étrangers et à laquelle, en 1563, Cosme Iᵉʳ donna le nom d'Académie des Arts et du Dessin. Elle a été installée ici jusqu'en 1784. Dans le vestibule, on peut voir un *Crucifix* en bois d'**A. da Sangallo** et à l'intérieur, sur l'autel, *Saint Luc peignant la Vierge* de **G. Vasari** ; à droite, la *Trinité* d'**A. Bronzino** et à gauche, la *Vierge à l'Enfant et des saints* de **Pontormo**.

❹ MUSÉE ARCHÉOLOGIQUE NATIONAL (via della Colonna, 38)
Il a été installé en 1879 dans le Palais de la Crocetta, un édifice construit en 1619-1621 par G. Parigi pour le compte de la grande-duchesse Marie Madeleine d'Autriche. C'est à la fois le plus important musée étrusque d'Italie et le second musée égyptien après celui de Turin. Dans le jardin, les tombes étrusques (*tholoi* et tombes avec chambre) qui ont été retrouvées au début du XIXᵉ s. ont pu être reconstruites avec des matériaux originaux.

MUSÉE ÉTRUSQUE
La collection du musée constituée sous Cosme l'Ancien et Laurent le Magnifique comprenait des pierres précieuses, des bronzes et des monnaies. Elle s'est beaucoup enrichie au cours des années suivantes grâce à des donations et des acquisitions. Le rez-de-chaussée est consacré aux ANTIQUITÉS ÉTRUSQUES, GRECQUES ET ROMAINES. De nombreuses sculptures funéraires étrusques y sont exposées et on peut voir : le *Vase François*, un cratère attique des années 540-530 av. J.C., l'urne funéraire de *Mater Matuta* (460-450 av. J.C.), déesse de la maternité et de la fécondité ; le *Sarcophage de Larthia Seianti* (IIᵉ s. av. J.C.) : cette femme est représentée alors qu'elle écarte un voile pour se regarder dans un miroir. Les salles consacrées à la SCULPTURE FUNÉRAIRE ÉTRUSQUE regroupent des pièces provenant pour la plupart des régions de Volterra, Chiusi et Pérouse. De très nombreux vestiges de l'art funéraire sont également conservés ; signalons notamment le *Sarcophage des Amazones* en marbre (IVᵉ s. av. J.C.), *Idolino*, une statue qui repré-

sente un jeune homme ivre, et la très célèbre *Chimère*, un monstre à trois têtes avec un corps de lion, qui date des ve-ive s. av. J.C.) et qui a été retrouvé en 1553 à Arezzo. Une autre statue remarquable retient l'attention du visiteur: celle de l'*Arringatore* (l'Orateur) qui date des premières années du i^{er} s. av. J.C. La COLLECTION DES CÉRAMIQUES regroupe des vases grecs et étrusques à figures noires et à figures rouges alors que la COLLECTION GLYPTIQUE comprend des camées romains et des camées de la Renaissance ainsi que des pierres précieuses de l'époque romaine et hellénistique.

MUSÉE ÉGYPTIEN

Il a été créé grâce à Léopold II de Lorraine et a été progressivement installé de 1824 à 1828. La collection enrichie ultérieurement réunit 15.000 pièces allant de la préhistoire au Nouvel Empire et elle est présentée en fonction de la chronologie et de la topographie. Parmi les plus importantes, il convient de citer : le *Relief de Shery* (2500-2200 av. J.C.) ; l'*Hippopotame*, symbole de fécondité ; la *Tête de statue de la reine Tiy*, la femme d'Aménophis III (1403-1365 av. J.C.), qui provient de Karnak ; le *Char en bois* trouvé dans une des tombes de la nécropole de Thèbes ; le *Bas-relief de la déesse Maat* (Nouvel Empire). La partie consacrée aux papyrus funéraires avec des scènes du *Livre des Morts* est également remarquable. Les objets de la *Tombe d'Aménophis* et les *Scarabées* proviennent de la XVIIIe et de la XIXe dynastie alors que les *Stèles* portant l'acte d'achat de la tombe datent de la période tardive et ptolémaïque.

❺ MUSÉE ET INSTITUT FLORENTIN DE PRÉHISTOIRE (via dell'Oriuolo, 2)

Fondé en 1946, il abrite des collections qui vont de l'âge de la pierre jusqu'aux débuts de l'Histoire et qui proviennent de fouilles effectuées en Europe, en Afrique, en Amérique et en Asie. Le visiteur peut voir des outils en

Sarcophage de Larthia Seianti

Chimère

Sarcophage du prêtre Khomsumes

G. Utens, Vue sur le Belvédère et le Palais Pitti, Musée de « Firenze com'era »

pierre et en os, des céramiques, des armes en bronze et en cuivre ainsi que des vestiges botaniques et faunistiques.

❻ Musée « Firenze com'era » (via dell'Oriuolo, 24)
Ce musée du Vieux Florence a été créé en 1908 avant d'être transféré plus tard à cet endroit. Il propose au visiteur des documents montrant le développement et les transformations de Florence depuis les origines jusqu'à l'époque contemporaine. Il s'agit surtout de fragments lapidaires provenant de constructions qui ont été démolies au cœur de la ville, de dessins, de gravures, de photographies et d'eaux-fortes. Parmi les documents exposés, citons : la copie (XIXᵉ s.) du *Plan dit « de la Catena »* (1470), un plan de Florence dessiné par **S. Buonsignori** ; les 12 *Vues de villas médicéennes* (1599), des détrempes sur bois de **G. Utens** ; les 24 estampes avec *Vues sur la ville* (1754) et les 50 *Vue de villas florentines* (1744) de **G. Zocchi**.

Le long de cet itinéraire, le visiteur peut également découvrir:
- l'Église de S. Maria Maddalena dei Pazzi qui date du XIIIᵉ (borgo Pinti, 58) et qui est précédée d'un cloître où se trouvent des fresques de L. Giordano et la *Crucifixion* du **Pérugin** (1496).
- le Temple Israélite (XIXᵉ s.) (via L. C. Farini, 4) de style byzantin et mauresque, avec une grande coupole en bronze et des fresques à l'intérieur.
- l'Hôpital de S. Maria Nuova (piazza S. Maria Nuova), le plus vieil hôpital de la ville qui est toujours en activité et qui a été fondé en 1288 par Folco Portinari, le père de la célèbre Béatrice, la femme aimée par Dante. Dans l'église dite Église S. Egidio, on peut voir ce qu'il reste de la *Tombe de Folco Portinari*.
- le Théâtre de la Pergola (via della Pergola, 12) ; c'est l'un des plus prestigieux de la ville ; il a été ouvert au public en 1718.

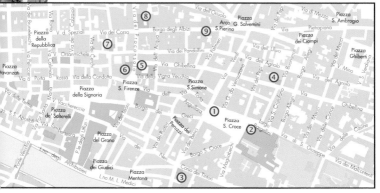

Église S. Croce : *Chapelle du maître-autel*

Giotto, Obsèques de saint François, détail

❶ PIAZZA S. CROCE

Elle a été aménagée au Moyen-Âge dans une zone située au-delà de la deuxième enceinte de remparts ; elle devait accueillir les foules qui accouraient pour écouter les sermons des moines franciscains ou pour assister aux tournois et aux parties de 'calcio' (l'ancêtre du football ; chaque année en juin ont lieu les rencontres spectaculaires du Calcio Storico). Sur la place se dressent de très beaux palais de la Renaissance tels que le *Palais Cocchi-Serristori* au n° 1 de **G. da Sangallo** et, à droite, le *Palais de l'Antella*, avec sa longue façade décorée de fresques (1620) par Passignano, Rosselli et d'autres artistes; on peut voir l'écusson de la famille, le buste de Cosme 1er et le disque en marbre de 1765 qui indiquait la ligne médiane du terrain de jeu.

❷ BASILIQUE S. CROCE

C'est la plus haute expression de l'art gothique florentin. Sa construction a été entreprise en 1294 par A. di Cambio afin de remplacer une église trop petite, mais elle n'a été consacrée qu'en 1442. La façade néo-gothique, conçue par N. Matas (enterré dans l'église), a été terminée en 1863 et le clocher dû à Baccani date de 1874. Sur le côté de l'église on peut encore voir le revêtement original en pierre forte. Sur l'escalier se dresse la statue de *Dante* (1865) d' **E. Pazzi**.

L'intérieur en forme de croix égyptienne est divisé en trois nefs séparées par des piliers octogonaux ; la nef centrale a un plafond à chevrons. Dans le transept s'ouvrent de nombreuses chapelles. L'église a toujours été un important lieu de sépulture. Sur la façade intérieure, on peut voir : le *Monument à Gino Capponi* (1884) et le *Monument à G.B. Niccolini* (1883). bas-côté droit, le *Tombeau de Michel-Ange* (1564) dessiné par **Vasari** et, en face, la *Vierge au lait* (1478) par **A. Rossellino** ; on trouve ensuite le très beau *Cénotaphe de Dante Alighieri* (1829), le *Monument à Vittorio Alfieri* néoclassique (1810) par **A. Canova**, avec la statue de *l'Italie en pleurs*. Remarquons aussi la très belle *Chaire* de **B. da Maiano**, ornée de panneaux qui représentent des épisodes de la *Vie de saint François*. Après le 4ᵉ autel, se dresse le *Tombeau de Machiavel* (1787) avec l'allégorie de la *Diplomatie*. Au 5ᵉ autel, l'*Annonciation* (1433) de **Donatello**, en pierre grise de Florence, mérite un détour. Un peu plus loin, le visiteur peut voir successivement : le *Monument de Leonardo Bruni* (1445-1450) de **Rossellino**, qui a servi d'exemple aux sépultures ultérieures ; celui de *Gioacchino Rossini* (1900) et celui *d'Ugo Foscolo* (1939). Remarquons au 6ᵉ autel l'*Entrée du Christ à Jérusalem* (1604) de **Cigoli**.

Bras droit du transept – Il abrite les chapelles des grandes familles florentines. La Chapelle Castellani où se réunissait l'ordre des Tiers est décorée par un cycle de fresques d'**A. Gaddi** évoquant la *Vie des saints* ; la Chapelle Baroncelli : de 1332 à 1338, **T. Gaddi** y a peint des fresques illustrant l'*Histoire de la Vierge*. Cet élève de Giotto est également l'auteur du vitrail tandis que le polyptyque du *Couronnement de la Vierge* est dû au maître.

Sacristie – Par la porte due à Michelozzo, le visiteur accède à la pièce que la famille Pazzi a fait construire et où sont exposées des reliques ; les fresques sont dues à **S. Aretino** et T. Gaddi (*Crucifixion*). De là, on passe à la Chapelle Rinuccini: la grille date de 1371 et les

B. da Maiano, Chaire, Épisodes
la Vie de saint François
Chapelle Pazzi
Cimabue, Crucifix

fresques représentant la *Vie de sainte Marie Madeleine* et la *Vie de la Vierge* ont été peintes de 1363 à 1366 par **G. da Milano**. Au fond, se trouve la CHAPELLE MÉDICIS, due à Michelozzo : sur l'autel, *Vierge à l'Enfant*, une très belle terre cuite vernissée d'A. della Robbia. De retour dans l'église, on peut admirer les fresques de *Giotto* dans les CHA-PELLES PERUZZI et BARDI, situées à droite du chœur ; peintes de 1320 à 1325, elles représentent des épisodes de la *Vie de saint Jean Baptiste* (Chapelle Peruzzi) et de la *Vie de saint François* (Chapelle Bardi). Sur les murs de la CHAPELLE DU MAÎTRE-AUTEL, de plan octogonal et de style gothique, les fresques d'A. Gaddi, qui évoquent l'histoire de *la Légende de la sainte Croix*, explicitent le choix du nom attribué à l'église. Dans le BRAS GAUCHE DU TRANSEPT, il convient de signaler la CHAPELLE BARDI DI VERNIO avec les fresques de **M. di Banco** (v. 1340) représentant la *Vie de saint Sylvestre*. **Volterrano** a décoré la coupole de la CHAPELLE PICCOLINI où l'on peut voir aussi deux tableaux d'A. Allori et des statues de P. Francavilla. La famille Bardi disposait d'une autre chapelle fermée par une grille (1335) où sont exposés le *Crucifix* en bois sculpté par Donatello, un ciboire, et deux anges en bois doré dus à Vasari.

BAS-CÔTÉ GAUCHE – Le visiteur peut voir le monument du musicien *Luigi Cherubini* et celui de *Leon Battista Alberti*. Sur le 6e autel, la *Pentecôte* de **Vasari**, le *Tombeau de Carlo Marsuppini* datant du XVe s., un chef-d'œuvre de **D. da Settignano** ; au 5e autel, une *Pietà* d'**A. Bronzino**, et la pierre tombale de *Lorenzo Ghiberti*. Au 4e autel, *l'Incrédulité de saint Thomas* par Vasari et enfin, au 2e autel, le *Tombeau de Galilée* avec un buste de G. B. Foggini.

MUSÉE DE L'ŒUVRE DE S. CROCE (piazza S. Croce, 16)
Inauguré en 1900 et installé dans l'ancien réfectoire du couvent, il abrite des objets provenant de celui-ci et de l'église. Dans le jardin du PREMIER CLOÎTRE, un bronze d'**H. Moore**, le *Guer-*

rier. À droite dans la première salle, on peut admirer le *Crucifix* que **Cimabue** a peint sur bois après 1272 : l'œuvre a subi d'importants dégâts lors de l'inondation de 1966. Au mur du fond, la grande fresque de **T. Gaddi** (1335) avec *l'Arbre de la Croix*, *Histoires sacrées* et la *Cène* ; sur les murs latéraux, des fragments de la fresque provenant de l'église et due à **A. Orcagna**: le *Triomphe de la Mort*, le *Jugement dernier* et l'*Enfer*. Sur le côté gauche la statue en bronze de *Saint Ludovic de Toulose* (1424) de **Donatello**. Par le beau portail de B. da Maiano, on pénètre dans le second cloître, construit en pierre de Florence (1453). On termine ce parcours par la visite de la Chapelle des Pazzi. Commencée en 1429 -1430 par Brunelleschi, les travaux ont été ralentis à cause des problèmes financiers du commanditaire, Andrea Pazzi ; ils n'ont été achevés qu'en 1470. La chapelle est décorée de figures d'*Apôtre*s en céramique vernissée de **L. della Robbia**.

❸ Palais Horne (via dei Benci, 6)
Il a été construit à la fin du XVe s. par le Cronaca ; il appartenait à la famille Corsi, des marchands de draps et, au début du XXe s, il a été acheté par le collectionneur anglais H. P. Horne, un ami d'Oscar Wilde, passionné d'art florentin et soucieux de recréer une demeure patricienne comme au temps de la Renaissance.

Musée de la Fondation H. P. Horne
La collection réunit des objets datant des XIVe, XVe et XVIe s., des tableaux, des sculptures, des céramiques, des verres, des pièces de monnaie, des manuscrits, des ouvrages imprimés et autres documents. Au 1er étage : le médaillon représentant la *Sainte Famille* de **D. Beccafumi** ; *l'Allégorie de la musique* de **D. Dossi** et le très beau tableau de **Giotto**, *Saint Étienne*. Au 2e étage, il convient de remarquer un petit lit du XVe s. et un coffre de sacristie en bois marqueté, avec des motifs géométriques de tradition toscane (XVe s.), sur lequel est posée une table d'accouchement. De même, on pourra apprécier la beauté de ce qui reste du coffre dû à **Filippino Lippi** (XVe s.).

❹ Casa Buonarroti (via Ghibellina, 70)
Michel-Ange a vécu de 1516 à 1525 dans cette maison qui est désormais un musée. Il a été ouvert au public en 1859 grâce à C. Buonarroti soucieux de léguer à la ville de Florence la collection particulière commencée par la famille du temps de l'artiste. Il comprend une riche bibliothèque et une collection de 200 dessins du célèbre artiste, la plupart autographes et visibles pour tout chercheur ayant pris le soin de prendre rendez-vous. Il abrite également la *Bataille des Centaures*, un relief en marbre, antérieur à 1492 et la *Vierge de l'Escalier*, bas-relief en marbre également, exécuté en 1492 selon la technique particulière du 'schiacciato'.

❺ Palais et Musée National du Bargello (via del Proconsolo, 4)
L'édifice qui devait accueillir le Capitaine du Peuple a été commen-

cé en 1255 et les travaux de construction ont conduit à intégrer une tour crénelée préexistante. Premier exemple d'un endroit réservé d'une manière permanete à l'une des institutions de la ville, il a été agrandi à plusieurs reprises et est devenu le siège du Podestat puis du Conseil de la justice. En 1574, il a accueilli le Bargello c'est-à-dire le chef de la police dont l'arrivée a entraîné l'installation d'une prison, de salles de torture et de salles pour l'exécution capitale (les condamnés à mort étaient pendus aux fenêtres). La peine de mort ayant été abolie en 1782, c'est Léopold II de Toscane qui a fait entreprendre des travaux de réaménagement cinq ans plus tard. La prison a quitté le palais où un musée a été ouvert en 1865. Le Bargello comprend aussi une église dédiée à *Marie Madeleine* et décorée par une fresque – la fresque du *Paradis* – où a été découvert un *Portrait de Dante* peint par **Giotto**.

Le musée est l'un des plus importants au monde pour ses collections de sculptures, de vieux objets et d'armes. Les œuvres les plus importantes sont celles de Donatello et celles qui ont été léguées par les collectionneurs L. Carrand et G. Franchetti. La Cour – Elle comprend un portique sur trois côtés et, au centre, un puits qui, au XIXe s. a remplacé la potence. Le côté où se trouve l'escalier de Neri de Fioravanti (1345) est décoré avec des écussons en pierre et en terre cuite vernissée. Sous le portique, sont exposées de remarquables sculptures dues à Ammanati, Jean Bologne et bien d'autres ; on peut voir également le *canon* dit *de saint Paul*, à cause de la tête de l'apôtre sculptée sur la culasse. Par le côté Est de la cour, le visiteur accède à la SALLE DU XIVe S. où sont exposées des sculptures telles que la *Vierge à l'Enfant* de **T. di Camaino** et les *Trois acolytes* d'**A. di Cambio**. On passe ensuite dans la SALLE DE MICHEL-ANGE : elle abrite une œuvre de jeunesse que l'artiste a laissée inachevée – le *Médaillon Pitti* (v. 1504) qui représente la *Vierge à l'Enfant et le petit saint Jean* ; le *Bacchus ivre* (1496-1497), le buste de *Brutus* (1540) et le *David-Apollon*

(1532). D'autres sculptures dues à Ammannati, Bandinelli et Cellini sont également exposées: le très beau *Buste de Cosme Ier* en bronze, sculpté par **Cellini** en 1547 ainsi que le *Mercure ailé* de **Jean Bologne**, méritent une attention particulière. La Loggia située au Ier étage et décorée de fresques pseudo-médiévales datant du XIXe s. abrite des œuvres du XVIe s. et notamment une série d'animaux sculptés par Jean Bologne. Le visiteur accède ensuite à la Salle du Conseil Général ou salle de Donatello. Consacrée à différents sculpteurs florentins du XVe s., elle permet d'admirer avant tout des œuvres de **Donatello** : le célèbre *Buste du condottiere Niccolò da Uzzano* en terre cuite polychrome ; le *Marzocco*, le lion qui est le symbole de la ville ; l'élégant cupidon ailé *Athys-Amor* qui piétine un serpent ; les magnifiques *David* en bronze (1440-1450) et *Saint Georges* en marbre. Cette scupture provient d'une niche d'Orsanmichele: elle avait été commandée en 1416 par l'Arte dei Corazzai e Spadai, la corporation des artisans armuriers. On peut voir aussi le *Saint Jean enfant* de **D. da Settignano**, les deux panneaux représentant le *Sacrifice d'Isaac* que Brunelleschi et Ghiberti avaient présentés au concours organisé pour la porte du Baptistère, et enfin des œuvres de Michelozzo et L. della Robbia. La Salle Islamique illustre, comme son nom l'indique, l'art arabe depuis le IXe s. jusqu'au XVe s. : elle réunit des objets en métal et en ivoire, des céramiques, des bijoux, des armes et des tapis. Dans la Salle Carrand, ce sont certains objets de la collection léguée par le donateur lyonnais (plus de 3.000 pièces au total) qui sont exposés, parmi eux signalons la *Plaque du heaume d'Agilulphe* (VIe-VIIe s.) . La visite continue en passant par les Salles d'Andrea et Giovanni della Robbia, et la Salle des Statuettes en bronze où l'on peut voir avant tout *Hercule et Antée* d'**A. Pollaiolo** et le *Ganymède* de **Cellini**. La Salle d'Andrea Verrocchio mérite de s'y arrêter pour admirer le très beau *David* (v. 1465) en bronze, que l'artiste a sculpté pour le compte des Médicis ; l'élégante *Femme avec un bouquet*, en marbre, et enfin le *Buste de Pierre de Laurent de Médicis*, en terre cuite. Des artistes comme M. da Fiesole et A. Rossellino sont aus-

Michel-Ange :
Bacchus ;
Buste de Brutus ;
Le Médaillon Pitti 'Tondo'
G. Vasari, Loggia du Marché du Poisson

si présents dans la salle. La dernière salle dite SALLE DES ARMES abrite, comme son nom l'indique, des collections d'armes des Médicis et des armes de différentes périodes provenant de divers collectionneurs privés.

❻ BADIA FIORENTINA (via del Proconsolo) Fondée en 978, pour le compte de l'ordre bénédictin, par Willa – la mère du marquis Hugues de Toscane qui est enseveli ici – il s'agit d'un ensemble d'édifices religieux dont le clocher a été achevé en 1330. La Badia a été agrandie au XIVᵉ s. dans le style gothique cistercien et l'intérieur a subi de profondes transformations au XVIᵉ s. Une nouvelle entrée a été aménagée dans la rue Dante Alighieri. L'INTÉRIEUR, en croix grecque, est de style baroque. Près de l'entrée, à gauche, on peut voir la *Vierge apparaissant à saint Bernard,* très belle œuvre de **Fillippino Lippi** ; dans le transept gauche se trouve le *Tombeau d'Hugues, marquis de Toscane* en marbre et en porphyre, dû à **M. da Fiesole.** Par une porte située à droite du chœur, on accède au joli CLOÎTRE DES ORANGERS : construit sur deux niveaux par B. Rossellino de 1432 à 1438, il se caractérise par la présence de colonnes ioniques et de fresques (galerie supérieure) qui représentent la *Vie de saint Benoît.*

❼ MUSÉE CASA DI DANTE (via S. Margherita,1) Ce petit musée se situe à quelques mètres de la maison où est né le célèbre poète, et où s'est installé un restaurant de renom. L'édifice de style médiéval est une construction du début du XXᵉ s. Les salles du musée qui abritent divers documents concernant Florence à l'époque de Dante et différentes éditions de la *Divine Comédie* sont actuellement (2006) en cours d'aménagement.

❽ PALAIS NON FINITO (via del Proconsolo, 12) Ce palais à bossage rustique a été construit (1593) pour le compte d'A. Strozzi par Buontalenti qui a décoré le premier étage de fresques représentant des chauves-souris et des

coquillages. C'est précisément le premier étage et l'un des côtés de la cour qui étaient restés inachevés. En 1604, les travaux de Cigoli ont permis de terminer la cour. C'est le siège du Musée d'Anthropologie et d'Ethnographie. Fondé en 1869, par P. Mantegazza, il possède de nombreuses collections, celles des Médicis et celles dues aux expéditions d'explorateurs, de navigateurs et de grands voyageurs comme T. Cook (1779). Le musée a bénéficié aussi de donations privées comme celle de P. Graziosi (1960). Les objets sont exposés dans plus de 25 salles qui sont réparties en fonction des continents et qui permettent au visiteur d'accomplir un véritable tour du monde. Une curiosité parmi bien d'autres mérite d'être soulignée : il s'agit des trophées des chasseurs de têtes de l'île de Bornéo.

❾ Borgo degli Albizi

C'est une rue large et digne d'intérêt car elle est bordée de beaux palais du XVIᵉ s. On peut voir au n° 26, le *Palais Ramirez de Montalvo* avec des décorations à sgraffite sur la façade, d'après un dessin de Vasari et, au n°18, le *Palais Altoviti*, appelé aussi Palais « dei Visacci », palais des visages très laids, à cause des 15 bustes en marbre représentant de célèbres Florentins.

Le long de cet itinéraire, quelques édifices méritent un détour:
Le Palais et Église S. Firenze (piazza S. Firenze), tous deux de style baroque (1645). La Loggia du Grain (au carrefour de via Neri-via Castellani) : datant de 1619, elle accueillait le marché des céréales ; dans un angle, on peut voir la fontaine en marbre et, à l'arcade centrale, le buste de Cosme III. La Loggia du Poisson (piazza dei Ciompi): réservée au Marché du poisson, elle a été construite par Vasari (1567) dans le quartier populaire qui avait été, en 1378, le théâtre de la fameuse révolte des Ciompi; elle est décorée de médaillons en terre cuite polychrome représentant des animaux marins et des écussons du grand-duché. Non loin de là se tient également de nos jours le Marché aux Puces.

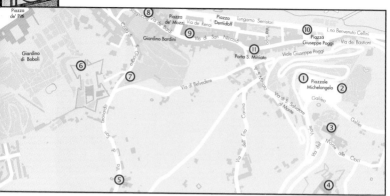

❶ PIAZZALE MICHELANGELO (*PANORAMA*)

En parcourant le viale dei Colli, ouvert par Poggi pour en faire un parcours panoramique dans un quartier résidentiel où sont venues habiter les plus riches familles florentines, on arrive au piazzale Michelangelo d'où l'on bénéficie d'une merveilleuse vue sur la ville.

C'est ici que se dresse le monument à Michel-Ange (1871) avec la copie de la célèbre statue du *David* et les copies des statues des tombes médicéennes de S. Lorenzo. La loggia qui se trouve de l'autre côté accueille un café : conçue aussi par Poggi, elle aurait dû abriter un musée consacré aux œuvres de Michel-Ange.

❷ JARDIN DES IRIS (angle du viale dei Colli et piazzale Michelangelo)

Ouvert depuis 1955, on ne peut visiter ce jardin qu'au mois de mai. Il permet de se promener au milieu de plus de 2500 variétés d'iris, la fleur qui, depuis 1251, est le symbole de Florence. Chaque année, la Société Italienne de l'Iris organise un concours mondial pour récompenser le

pépiniériste capable de produire un iris rouge vermillon semblable à celui qui se trouve sur l'écusson de la ville. Personne n'a réussi jusqu'à maintenant à reproduire la couleur exacte de cette fleur.

❸ Église S. Salvatore al Monte

On accède à cette église par les escaliers qui se trouvent derrière la loggia-café. Construite sur le Monte alle Croci et achevée en 1504 par le Cronaca, elle a une façade très simple. Sur le fronton on peut voir un aigle, symbole de l'Arte di Calimala, la corporation qui a fait construire l'édifice. L'intérieur, à une nef avec des chapelles latérales, a été modifié au cours des siècles. Le visiteur peut remarquer la très belle *Descente de Croix* en terre cuite vernissée de **G. della Robbia**.

❹ Église S. Miniato al Monte (*panorama)

L'église se dresse à l'emplacement du premier édifice chrétien et de l'église romane qui avait été construite au XIe s. en l'honneur de saint Miniato qui a été martyrisé à cet endroit au IVe s. Occupée initialement par des Bénédictins clunisiens, elle est passée ensuite aux mains des Olivétains. Le clocher, construit par B. d'Agnolo en 1524, est devenu célèbre durant le siège de Florence en 1530, car Michel-Ange y fit installer des canons pour résister aux attaques des troupes impériales. En 1552, l'ensemble des édifices est transformé en forteresse dont il reste encore deux portes : celle des *Médicis* et celle du *Soccorso* ; en 1868, Poggi a projeté et fait construire les escaliers qui permettent de monter jusqu'à l'église.

La façade – Elle se caractérise par le contraste entre le marbre blanc et le marbre vert qui s'alternent en formant des figures géométriques sur deux niveaux : dans la partie supérieure, celle qui correspond à la nef centrale, on peut voir un tympan décoré avec une mosaïque du XIIe s., représentant le *Christ entre la Vierge et saint Miniato*. Au sommet, on peut remarquer la présence de l'aigle, symbole de la corporation

Mosaïste du XIIIᵉ s., Christ trônant entre la Vierge et saint Miniato, détail

Chapelle du Cardinal du Portugal

Chapelle du Crucifix

Art florentin, Chaire

de Calimala, la patronne de l'église (1401). L'INTÉRIEUR, conçu sur trois niveaux (crypte ; niveau principal et chœur surélevé) comprend trois nefs séparées par des colonnes. On peut voir les décorations originales de la voûte et de l'abside semi-circulaire, et celles des murs qui datent du XIXᵉ s. À l'extrémité de la nef centrale dont le pavement est incrusté de marbre (1207), le visiteur peut voir la CHAPELLE DU CRUCIFIX construite par **Michelozzo** (1448) pour le compte de Pierre de Médicis : les portes du tabernacle sont d'**A. Gaddi** et les médaillons en terre cuite de la voûte sont de l'atelier des della Robbia. En partant du chœur, on accède à la SACRISTIE, une salle carrée dont le plafond et les lunettes ont été décorés par **S. Aretino** avec des fresques qui représentent la *Vie de saint Benoît*. De retour dans le chœur, on peut voir, à droite, un autel surmonté d'un tableau de **J. de Casentino** : la *Vie de saint Miniato* (1320) ; la balustrade est en marbre et les stalles sculptées avec des motifs végétaux datent de 1470 ; on peut voir également la chaire et le maître-autel avec le *Crucifix* en terre cuite vernissée, attribué à L. della Robbia.

La CRYPTE (XIIᵉ s.) est la partie la plus ancienne de l'église ; ses voûtes d'arêtes prennent appui sur 36 petites colonnes en marbre, en pierre grise (pietra serena) et en briques qui ont été recouvertes de feuilles d'or en 1342.

T. Gaddi a décoré la voûte avec des fresques peintes sur fond d'or.

CHAPELLE DU CARDINAL DU PORTUGAL – On y accède par le bas-côté gauche. Elle a été construite par D. Manetti en 1466, sa voûte est décorée de quatre médaillons en terre cuite vernissée de L. della Robbia, qui représentent les *Vertus*. Le monument funèbre en marbre a été sculpté par les frères **A. et B. Rossellino** ; les fresques aux murs (et notamment l'*Annonciation*) sont dues à **A. Baldovinetti** (1466).

À côté de l'église s'étend le CIMETIÈRE MONUMENTAL ou Cimetière des saintes portes ('porte sante') qui a été aménagé à partir de 1865 pour y accueillir les dépouilles des notables florentins. Le visiteur peut y découvrir la tombe de l'auteur de Pinocchio, C. Lorenzini, plus connu en Italie sous le nom de Collodi.

❺ VIA S. LEONARDO

C'est une rue pittoresque qui conduit au Fort du Belvédère. De nombreux artistes y ont habité, notamment le compositeur Tchaïkovski et le peintre O. Rosai. Le long du parcours, le promeneur pourra visiter l'église S. Leonardo, une église rurale ('pieve') construite au XIe ou XIIe s., et restaurée en 1929. L'intérieur abrite une *chaire* datant du XIIIe s., à laquelle ont fait allusion Dante et Boccace lorsqu'elle était encore installée dans l'église S. Piero a Scheraggio avant sa démolition.

❻ FORTE 'BELVEDERE' OU DE S. GIORGIO (ouvert à l'occasion d'expositions)

Construit d'après un dessin de Buontalenti et achevé sous Ferdinand Ier en 1590, le Belvédère servait à défendre la ville des attaques ennemies. On peut voir quelques vestiges des remparts. Le Fort domine le jardin Boboli auquel il est relié. En parcourant le chemin de ronde, on a une vue magnifique sur Florence (*PANORAMA). Au centre, se dresse la PALAZZINA DI BELVEDERE (1570) qui a été construite d'après un plan attribué à Ammannati.

❼ COSTA S. GIORGIO

Après avoir franchi la porte S. Giorgio, on descend très rapidement en direction de la via dei Bardi, en passant par la Costa Scarpuccia. Au n° 17 de Costa S. Giorgio, remarquons la maison de Galilée avec, sur la façade, les écussons de la famille et le buste du célèbre savant.

❽ VIA DE' BARDI

Appelée autrefois bourg 'Pitiglioso', la rue se divise en deux parties : la première, la plus récente, se dirige vers le Ponte Vecchio ; la seconde, orientée vers S. Niccolò, est bordée de beaux palais du XIVe s. ayant appartenu aux riches marchands de l'époque ; on peut voir au n° 36-38 le *Palais Capponi*, construit pour le compte du banquier Niccolò da Uzzano. La succession des palais est interrompue par un terre-plein qui sert à soutenir la Costa Scarpuccia : il a été aménagé en 1547 sur ordre de Cosme Ier au lendemain d'un éboulement de terrain catastrophique qui avait entraîné l'écroulement de plusieurs maisons. Juste en face, se dresse l'église S. LUCIA DE' MAGNOLI ou 'delle Rovinate' (Ruinées) qui a été construite en 1078 et qui a subi plusieurs transformations au cours des siècles. À l'intérieur, on peut remarquer au maître-autel un tableau de l'école florentine datant du XVIe s. la *Vierge et les saints*. À l'extérieur, une niche rappelle que saint François a fait une halte ici.

❾ MUSÉE BARDINI (piazza dei Mozzi, 1)

En cours d'aménagement actuellement, ce musée a été installé en 1881 dans l'une des trois demeures de la famille Bardini qui était une riche famille marchande de Florence. Stefano Bardini, l'un de ses plus illustres représentants, qui était à la fois collectionneur et antiquaire, a joué un rôle important dans la vie culturelle à la fin du XIXe s. En 1922, il légua à la ville toutes ses collections. L'architecture du palais est originale car elle comprend des éléments décoratifs de différentes époques. Quelques objets conservés ici méritent d'être vus avec une attention particulière : l'*autel*, dédié à Auguste et représentant Dionysos, réutilisé comme margelle de puits ; un chapiteau avec la *Nativité*, datant du XIIᵉ s. ; un groupe de sculptures en marbre de **T. da Camaino** représentant la *Charité*. À ne pas manquer également, les cheminées et la vasque en porphyre, les tapis persans et les différentes armes réparties dans les petites salles; les terres cuites et notamment celle de **Donatello** la *Vierge des Cordiers*, et celle qui lui a été attribuée : la *Vierge à l'Enfant*. Le musée abrite depuis 1937 la COLLECTION CORSI léguée elle aussi à la ville. Elle réunit plus de 600 œuvres d'art allant du XIIᵉ au XIXᵉ s. À deux pas du musée, se trouve le JARDIN BARDINI (via de' Bardi, 1r) qui avait été acheté par Stefano Bardi : c'est l'un des modèles les plus représentatifs du jardin à l'italienne ; de la terrasse, on a une vue panoramique sur la ville. (*PANORAMA)

❿ PORTE S. NICCOLÒ (piazza G. Poggi)
L'espace aménagé en 1866 par l'architecte Poggi comprend, au centre, l'ancienne porte crénelée S. Niccolò qui avait été construite en 1324 pour servir de bastion : avec les remparts, elle servait à défendre ces quartiers de la ville contre l'ennemi. C'est la seule partie des remparts qui a conservé sa structure d'origine avec trois grands arcs superposés, chemins de ronde et les escaliers. Dans l'entrée, on peut voir une fresque du XVᵉ s. : la *Vierge et les saints*. C'est de cette porte que l'on peut monter jusqu'au piazzale Michelangelo, en empruntant les deux rampes d'escalier qui ont été construites par Poggi et que l'on gravit entre des grottes et des fontaines.

⓫ PORTE S. MINIATO
On passe par cette porte qui date du XIVᵉ s., en parcourant le chemin de ronde des remparts avec des arcs suspendus. L'itinéraire le long de la Via del Monte alle Croci (celui de la *Via Crucis* des moines franciscains) aboutit à l'église S. Miniato a Monte.

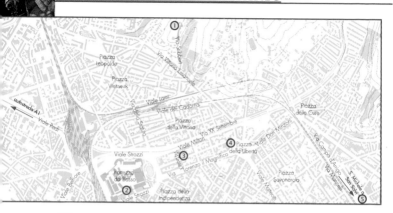

❶ Musée Stibbert (via Federico Stibbert, 26)

Installé dans la villa construite au centre d'un splendide parc à l'anglaise qui a été aménagé par Poggi au XIXᵉ s., ce musée abrite l'une des plus importantes collections privées d'armes anciennes et de costumes venus du monde entier. Le propriétaire de la collection était Frederick Stibbert, personnage né en 1838 d'un père anglais et d'une mère florentine, qui a vécu à Florence jusqu'à sa mort en 1906. Il avait hérité d'un important patrimoine familial et ses activités ont été très éclectiques puisqu'il a été à la fois peintre, membre de l'Académie des Beaux-Arts de Florence, homme d'affaires et écrivain. Voyageur infatigable, il a réussi à rassembler plus de 50.000 objets de toutes sortes, allant de la fin du XVᵉ s. au Iᵉʳ Empire et, pour pouvoir les conserver et les faire voir au public, il a dû agrandir la villa. Il légua cette vaste collection au gouvernement anglais qui, à son tour, la rétrocéda à la ville de Florence et, dès 1908, la Fondation Stibbert a été créée.

Le musée comprend actuellement plus de 60 salles, y compris celles

qui ont été aménagées dans les anciens appartements de la famille. Le collectionneur florentin avait souhaité recréer un cadre de vie et un ameublement adaptés aux objets exposés dont l'importance numérique nous conduit à ne citer que les plus importants. Rappelons au visiteur que la répartition des collections peut être soumise à des changements.

SALLES ORIENTALES (6-8) – Elles abritent des armes et des armures venues de Turquie, de Perse et d'Inde (XVIe-XVIIIe s.) ainsi que des *vêtements turkmènes* (XVe-XIXe s.) et de très belles armes.

SALLE DE LA CHEVAUCHÉE (9) – Le visiteur peut voir une série de *Cavaliers* italiens, allemands (XVIe-XVIIe s.) et ottomans (XVIe s.); dans la PETITE SALLE (11), remarquons la *Cuirasse funèbre* d'origine allemande de Jean des Bandes Noires ; dans le PASSAGE (17), le *sabre* de Joachim Murat ; dans la SALLE DES 'MILITARIA' (18), le *drapeau* du 2e régiment d'infanterie du Royaume italien.

AU PREMIER ÉTAGE : SALLE DES COSTUMES (38-41) – C'est une des collections les plus riches et les plus complètes d'Europe. Elle réunit des costumes masculins et féminins, des *livrées* des XVIe, XVIIe et XVIIIe s. avec leurs accessoires, et des pièces très rares. La CHAMBRE DE FREDERICK STIBBERT (48) conserve encore l'ameublement d'origine avec des souvenirs et des portraits de famille. Dans la CHAMBRE IMPÉRIALE (49), celle

Salles japonaises,
Cuirasse funèbre
de Jean des Bandes
Noires
Dessus de table en
malachite

de à Giulia, la mère du collectionneur, le visiteur peut voir la *robe de gala* d'une dame de la Cour d'Elisa Baciocchi, puis, dans la PETITE LOGGIA IMPÉRIALE (50), le *costume d'Italie* que Napoléon Bonaparte a endossé quand il fut proclamé roi d'Italie.

SALLES JAPONAISES (55-58) – On peut admirer le splendide *groupe de samouraï*, des armes, des casques, des costumes chinois et nippons ainsi qu'une collection de tableaux comme, par exemple, ceux de J. Suttermans, Bronzino, A. Allori, G. B. Tiepolo et L. Giordano. On peut voir aussi des objets les plus divers de la vie quotidienne : montres, peignes, couverts, céramiques, cannes et parapluies.

Costume d'Italie de Napoléon
A. del Sarto, Cène, *Musée du Cénacle d'A. del Sarto*

❷ FORTEZZA DA BASSO OU FORTEZZA DI S. GIOVANNI

Le vaste édifice d'aspect militaire a été construit à partir de 1534. C'est en fonction de la volonté d'Alexandre de Médicis soucieux de faire face à d'éventuelles révoltes populaires, que l'architecte A. da Sangallo le Jeune conçut une forteresse avec bastions, en forme de pentagone. Elle accueille désormais des expositions et de grandes manifestations commerciales (Foires-expositions, Salons). Le donjon recouvert de bossages en pierre forte, et le bâtiment octogonal du Corps de garde méritent une attention particulière.

❸ ÉGLISE RUSSE (via Leone X, 8)

Elle a été construite en pierre de Florence et en pierre forte au début du XXe s., d'après un dessin de l'architecte M. Preobrazenski. Financés en grande partie par les princes Demidoff, les travaux ont été achevés en 1903 et l'église a pu être consacrée le 8 novembre de cette année-là. De forme carrée, elle est dotée de coupoles écaillées de tuiles en céramiques polychromes et surmontées de croix en bronze. L'intérieur présente une décoration en stucs, avec également des bas-reliefs, des icônes et des peintures de G.

Lolli. Le tsar Nicolas II a offert au musée l'iconostase en marbre de Carrare qui orne encore l'église supérieure.

❹ PIAZZA DELLA LIBERTÀ
Projetée à la fin du XIXe s. par Poggi, elle reflète le pseudo-style Renaissance florentin. Au centre se dresse la porte S. Gallo (1285) avec des niches ornées de lions (début XVIe s.), et une lunette décorés d'une fresque du XVIe s., représentant la *Vierge à l'Enfant et des saints*. Sur le côté Nord de la place, on peut voir l'*Arc de Triomphe de François Étienne de Lorraine*, érigé en 1739 à l'occasion de l'arrivée du prince à Florence : il est surmonté de la *Statue équestre de François Étienne* due à **G. B. Foggini**.

❺ ENSEMBLE DE S. MICHELE A S. SALVI (via di S.Salvi, 8)
L'ensemble comprend le monastère de S. Salvi et l'église S. Michele a S. Salvi fondée en 1048. L'ancien réfectoire qui a été aménagé en musée en 1981, avait été décoré en 1527 par A. del Sarto. On raconte que la beauté extraordinaire de cette fresque représentant la *Cène* aurait conduit les soldats de Charles Quint à l'épargner de tout acte de vandalisme. Le musée dit MUSÉE DU CÉNACLE D'ANDREA DEL SARTO abrite certaines œuvres de l'artiste, comme par exemple, l'*Annonciation* (v. 1509) et la *Pietà* (v. 1520) et quelques tableaux d'autres peintres tels que R. del Garbo, Pontormo et Vascari, sont également exposés.

D'autres édifices peuvent être signalés au lecteur de ce guide.
-L'ARCHIVIO DI STATO (viale Giovane Italia, 6) : l'édifice abrite l'un des ensembles de fonds d'archives les plus riches d'Europe. Il accueille également des expositions temporaires.
-Le CIMETIÈRE DES ANGLAIS ou CIMETIÈRE DES PROTESTANTS (piazzale Donatello) : il a été aménagé en 1828 pour les défunts des nombreuses familles anglaises et protestantes résidant à Florence. Parmi les personnages les plus célèbres qui y sont ensevelis figurent la poétesse E. B. Browning et le Suisse G.P. Vieusseux.

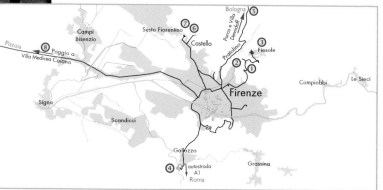

❶ SUR LA ROUTE POUR FIESOLE – COUVENT DE S. DOMENICO (Piazza S. Domenico)

En montant la route en direction de Fiesole, on passe devant l'ÉGLISE S. DOMENICO qui mérite une visite. Fondée en 1406 par le dominicain Giovanni Baccini, elle comprend un couvent où ont vécu notamment saint Antonin, évêque de Florence, et Fra Angelico qui en fut le prieur. L'entrée est précédée d'un élégant portique construit en 1635 par Nigetti qui a également réalisé le clocher. L'intérieur comprend une nef avec six chapelles aménagées aux XVe et XVIe s. ; on y peut admirer de nombreuses peintures, en particulier le triptyque représentant la *Madone à l'Enfant, les Anges en prières et les saints Barnabé, Dominique, Thomas d'Aquin et Pierre martyr* dû à **Fra Angelico** et remanié en 1501 par L. de Credi (le paysage et les édifices représentés en arrière-plan).

❷ BADIA FIESOLANA (via Badia dei Roccettini)

Datant du Haut Moyen-Âge et construite, selon une légende, à l'endroit où fut martyrisé saint Romulus, cette église a été la cathédrale de Fiesole et la résidence des évêques jusqu'en 1028. En 1456, Cosme l'Ancien y fit aménager un appartement et installer une bibliothèque qui deviendra un lieu de rencontre pour les humanistes florentins. La façade de l'église qui est restée inachevée a été intégrée à l'ancienne façade en marbre blanc et vert de l'église romane datant du XIIe s. L'INTÉRIEUR qui comprend une nef et des chapelles latérales a été aménagé à la fin du XVe s. Au-dessus des autels, on peut voir des tableaux des XVIIe et XVIIIe s.

❸ FIESOLE

La petite ville est construite sur la colline qui domine la vallée de l'Arno et du Mugnone. Ce fut un important centre étrusque de la fin du VIe s. jusqu'au Ve s av. J.C., puis une colonie romaine (Faesulae) à partir de 80 av. J.C.; elle est devenue *municipium* au Ier s. av. J.C. Bourg médié-

val, elle connut un important déclin sous les Lombards avant d'être reconquise en 1125 par Florence. Fiesole fut l'un des lieux préférés des Médicis et, à partir du XVIIIᵉ s., l'un des endroits privilégiés par les étrangers qui étaient de passage à Florence. Certains d'entre eux y ont fait construire une demeure ou ont habité dans les nombreuses et très belles villas. On peut rappeler que, dans la villa Médicis, W. Spence a accueilli les peintres anglais préraphaélites et que l'artiste A. Böcklin habita à la fin du XIXᵉ s. dans la villa Bellagio.

Piazza Mino da Fiesole (*panorama*)

C'est ici qu'avait été aménagé le forum romain; à gauche se dressent l'imposant *Séminaire* (1637) et le *Palais épiscopal* (construit au XIᵉ s. mais sa façade date de 1675); la cathédrale (Duomo) occupe tout le côté nord de la place et, à l'est, on peut admirer le *Palais Pretorio* : construit au XIVᵉ s., il est aujourd'hui le siège de la municipalité : il comprend un portique avec des arcs que surmonte une loggia sur laquelle ont été scellés, de 1520 à 1808, les écussons de podestats. À côté du Palais, on peut voir l'église S. Maria Primerana, citée dans des documents dès 966, mais reconstruite à la fin du XVIᵉ s. dans un style maniériste et caractérisée par des décorations à sgraffite; elle a été dotée d'un portique en 1801.

Fiesole :
Cathédrale de S. Romulus
Pages suivantes :
Théâtre romain
Église S. François

CATHÉDRALE S. ROMULUS

Fondée au XIᵉ s. et agrandie au XIIIᵉ s., elle a été l'objet d'une importante restauration au XIXᵉ s. Le clocher du XIIIᵉ s. a la forme d'une tour crénelée. À l'INTÉRIEUR, les trois nefs sont soutenues par des colonnes et l'abside a été construite sur une crypte souterraine. L'église abrite de nombreuses sculptures comme, sur le CÔTÉ INTÉRIEUR DE LA FAÇADE, la statue de *S. Romulus* (1521) en terre cuite de **G. della Robbia**. À droite du chœur, on peut voir la CHAPELLE SALUTATI avec des fresques de C. Roselli et, aux murs, le *Sépulcre de l'évêque Leonardo Salutati*, une œuvre de **M. da Fiesole**. Sur le MAÎTRE-AUTEL, le polyptyque de la *Madone à l'Enfant et des saints*, dû à **B. di Lorenzo**. Dans la SACRISTIE qui date du XVIIIᵉ s., sont conservés d'anciens objets de culte. Dans la CRYPTE du XIIIᵉ s., se dressent à droite les *Fonds baptismaux* en granit (1569) de **F. del Tadda**.

MUSÉE BANDINI (via G. Dupré, 1; en cours d'aménagement)

Ouvert au public en 1913, il renferme la collection du chanoine Angelo Maria Bandini qui l'a léguée à l'évêque et au chapitre de Fiesole en 1803. Elle comprend des peintures et des sculptures de l'école florentine allant du XIIIᵉ s. au XVᵉ s. , des objets d'art d'importance mineure et des sculptures des siècles ultérieurs, en particulier beaucoup d'œuvres de l'atelier des della Robbia. Parmi les artistes présents, citons T. Gaddi, B. Gaddi, N. et J. di Cione, ainsi que J. del Sellaio et L. Monaco.

ZONE ARCHÉOLOGIQUE (via Marini, 1) (*PANORAMA)

Cette zone comprend :
- le THÉÂTRE qui a été construit sous Auguste et qui est encore utilisé durant la saison estivale. Avec un diamètre de 34 m. de longueur, il peut accueillir 3000 personnes. Il a été creusé sur le flanc de la colline et se divise en quatre rangées de gradins réparties de part et d'autre de trois escaliers. Face à l'orchestre se dresse la scène supportée par un petit mur ; sur le côté on peut encore voir la niche qui

abritait un treuil utilisé pour soulever le rideau.

- les THERMES qui ont été eux aussi aménagés à l'époque d'Auguste : ils sont situés près du théâtre, au pied des colossaux remparts étrusques.
- le TEMPLE ROMAIN qui a été reconstruit au lendemain de l'incendie du Iᵉʳ s. av. J.C. et qui a un tympan orné de personnages en terre cuite. On y accède par un escalier de sept marches. On peut voir les restes des cinq colonnes qui soutenaient le portique.
- le TEMPLE ÉTRUSQUE qui a été construit au IIIᵉ s. av. J.C. et qui est dédié à une divinité protectrice.
- le MUSÉE MUNICIPAL qui a été fondé en 1873. Il abrite des objets qui ont été retrouvés à Fiesole et qui datent des périodes étrusque, romaine et du Moyen-Âge (époque des Lombards notamment). Parmi ces objets, offerts au musée par des donateurs, nous trouvons des urnes funéraires; des objets funèbres des IIIᵉ et IIᵉ s. av. J.C., qui ont été retrouvés dans les tombes étrusques de la rue du Bargellino, située à deux pas du musée; des statuettes en bronze représentant des têtes d'animaux ou des visages humains ; des verres de vin en verre datant de l'époque des Lombards et enfin des céramiques. Il faut noter aussi la stèle de Fiesole en pierre grise datant de la première moitié du Vᵉ s. et sur laquelle sont représentées des scènes de banquet, de danse et de chasse.
- l'ANTIQUARIUM COSTANTINI (via Portigiani, 9) où, depuis 1985, est abritée la collection A. Costantini : léguée à la Ville de Fiesole, cette collection possède 170 morceaux de céramique provenant de l'Attique, de l'Étrurie et de la Grande-Grèce.

FONDATION PRIMO CONTI (via G. Dupré, 18)

Dans la Villa *Le Coste* (XVIᵉ s.) sont conservées les archives et la collection des œuvres du peintre P. Conti qui est mort en 1968 et qui est enterré dans la chapelle construite dans le jardin de la propriété, et décorée avec des tableaux de la fin du XVIIᵉ s.

COLLINE DE S. FRANÇOIS (via di S. Francesco)
En empruntant la rue qui monte rapidement, on tombe sur le *Parco della Rimembranza* (Parc du Souvenir) d'où l'on peut jouir d'une splendide vue de Florence (*PANORAMA). En poursuivant dans cette même rue, on arrive au col où se trouvait jadis l'acropole étrusco-romaine et où est implanté un ensemble d'édifices religieux : la basilique St Alexandre, l'église Saint François et l'église Ste Cécile. C'est l'ÉGLISE S. FRANÇOIS qui est la plus intéressante. Construite au XIVe s. pour les Sœurs Ermites florentines, elle passa quelques plus tard aux mains des Franciscains et fut restaurée au début du XIXe s, mais la façade et le côté gauche sont demeurés intacts. L'INTÉRIEUR à une seule nef renferme quelques œuvres, notamment l'*Annonciation* de R. del Garbo (à droite de l'autel) et, dans la CHAPELLE S. ANTOINE, la *Crêche* en terre cuite de l'atelier des della Robbia. Du cloître (XVe s.) on accède au MUSÉE ETHNOGRAPHIQUE MISSIONNAIRE qui abrite des objets étrusques et chinois ainsi qu'une momie égyptienne.

❹ CHARTREUSE DE GALLUZZO (entrée : Buca di Certosa, 2)
Sur la route de Sienne se dresse la Chartreuse de Galluzzo, construite sur le mont Acuto qui est situé à 110 m. d'altitude et qui domine la vallée de l'Ema. Le monastère fut fondé en 1342 par N. Acciaioli et il fut agrandi et transformé grâce aux dons de nombreuses familles nobles florentines. En 1810, quand il fut supprimé par les Français, il renfermait une riche bibliothèque désormais disparue et plus de 500 œuvres d'art. Parmi celles qui sont encore conservées à la PINACOTHÈQUE, il faut citer la série de fresques avec des *Scènes de la Passion* peintes par **Pontormo**. L'ÉGLISE S. LORENZO et l'ÉGLISE DES MOINES datant du XIVe s. font également partie du vaste ensemble : elles abritent des œuvres dues à des artistes florentins et toscans du XVIe et XVIIe s. Notons la présence de très belles stalles en noyer dans l'église des Moines. GRAND CLOÎTRE – Construit au début du XVIe s. selon le style Renaissance, il est décoré de 66 médaillons avec des bustes en terre cuite provenant de l'atelier de G. della Robbia et représentant des apôtres, des saints, des personnages de l'Ancien Testament et les évangélistes. Les cellules des moines sont réparties sur trois côtés du cloître : chacune d'elles donnait sur un petit jardin potager.

❺ PARC ET VILLA DEMIDOFF-PRATOLINO (via Bolognese ; ouverture saisonnière)
En empruntant la route nationale 65 qui conduit à Bologne, on arrive à un immense parc qui appartient aujourd'hui à la Province de Florence. Le terrain a été acheté en 1568 par François Ier de Médicis qui chargea Buontalenti de construire une villa et d'aménager un parc. Plus tard, le parc est devenu l'un des lieux culturels les plus actifs de la ville et, en 1683, il accueillit des concerts de Scarlatti et de Haendel. La villa fut démolie en 1824 par les Lorraine, mais le parc ne subit aucune transformation. C'est la Maison de Savoie qui a revendu la propriété aux Demidoff

(1872) qui ont, à leur tour, fait construire une villa. L'œuvre la plus importante est la fontaine du *Géant de l'Apennin* (1589) due à **Jean Bologne** : construite avec des grottes, elle donne lieu à de beaux jeux d'eau. Derrière la fontaine se dresse un dragon en pierre réalisé par B. Foggini. Notons aussi la *grotte de Cupidon* (1577) et la CHAPELLE de Buontalenti dotée d'une petite coupole et d'un portique avec des plaques commémoratives en souvenir des Demidoff.

On peut aussi visiter les villas médicéennes dans les campagnes florentines. La ❻ VILLA LA PETRAIA (via della Petraia, 40) et la ❼ VILLA DE CASTELLO (via di Castello, 47) qui datent toutes deux du Moyen-Âge furent achetées par les Médicis au XVIᵉ s. Ceux-ci firent appel à **Tribolo** pour aménager sur trois niveaux les merveilleux jardins que l'on considère comme étant les plus beaux d'Europe. La splendide ❽ VILLA MÉDICÉENNE DE POGGIO A CAIANO (Piazza de' Médicis, 12 à Poggio a Caiano) a gardé sa structure initiale de forteresse médiévale entourée de remparts avec des tours d'angle ; sa célébrité est due au fait que ce fut la villa préférée de Laurent Le Magnifique : le prince la fit reconstruire et aménager dans un style classique, avec une entrée en forme de temple grec. À l'intérieur de la villa, les pièces qui accueillent le Musée sont remarquablement décorées.

Jean Bologne, Géant de l'Apennin *Parc de la Villa Demidoff*

Les Médicis et Florence ont traversé l'histoire et ensemble ils ont fondé l'une des plus grandes villes-musée du monde. À partir du Moyen-Âge et surtout de la Renaissance à l'époque moderne, la personnalité, la culture et la sensibilité des princes médicéens n'ont fait qu'un avec la sève vitale de la ville, constituée par les hommes qui ont vécu à Florence. Des artistes, des poètes, des hommes de lettres mais aussi des artisans et des ouvriers ont en effet su percevoir le monde d'une manière unique et visionnaire, et ont créé ainsi ce vaste patrimoine artistique que le monde entier peut admirer aujourd'hui.

Le premier des Médicis qui a joué un rôle important à Florence est **Jean d'Averardo** dit Giovanni '**di Bicci**' (Florence ? 1360-1429). Il a été le fondateur de la dynastie qui a été la plus puissante de l'histoire florentine, et qui a su établir les bases en faveur du développement de la République tout en restant attentive aux exigences du petit peuple. En 1413, Jean est devenu l'homme de confiance de l'antipape Jean XXIII, et en intervenant dans les affaires de la Curie, il s'est rendu compte que le monde des finances constituait la clef de voûte qui devait déterminer l'ascension économique de la famille. Après avoir fondé divers bureaux de change à Venise, Rome, Naples, il a été élu Gonfalonier de la ville en 1421, et a mené une politique soucieuse à la fois de susciter un consensus populaire et d'instaurer un pouvoir absolu ou presque. Au lendemain de son élection, Giovanni, qui s'était montré très actif pour encourager la vie artistique, a confié à Brunelleschi la construction d'une sacristie et d'une chapelle dans l'église S. Lorenzo ; il s'est occupé également des travaux de la partie supérieure du transept et de la partie reliant l'ancienne église, prémisses à une profonde transformation de ce qui deviendra la chapelle privée des Médicis dont l'achèvement sera réalisé par ses héritiers.

Cosme dit **Cosme l'Ancien** ou Père de la Patrie (Florence 1389-1464) a succédé à son père mort en 1429. C'était un homme d'une grande intelligence et il a su la mettre au service des activités économiques et intellectuelles, et notamment au service de la philosophie. Hostile à l'aristocratie florentine, il dut s'exiler en 1432 mais, dès son retour en 1434, il a conduit la famille Médicis vers un pouvoir s'exerçant sur Florence et sur toute la Toscane. Promoteur de l'Académie Platonicienne et collectionneur des premiers manuscrits qui devaient constituer plus tard la Bibliothèque Médicéenne Laurentienne, Cosme s'est montré un homme passionné envers l'art. Ami de Fra Angelico et de P. Uccello, il a été un grand admirateur de Donatello auquel il confia les décorations en stuc, les portes en bronze de l'Ancienne Sacristie et les chaires en bronze (inachevées) de l'église S. Lorenzo, ainsi que les statues de *David* et de *Judith et Holopherne*. Il vit en Michelozzo le génie artistique et il le chargea de construire le Palais Médicis de la via Larga, la Badia Fiesolana, le couvent de S. Marco, la chapelle du Noviciat dans l'église S. Croce, et enfin l'église SS. Annunziata.

Pierre le Goutteux (Florence 1416-1469) est arrivé au pouvoir à l'âge de 48 ans et, en dépit de difficultés initiales, il a réussi à partir de 1466 à reconquérir un consensus en faveur de son gouvernement qui n'a duré que cinq ans. Envoyé jadis à l'étranger par son père pour s'occuper des affaires familiales auprès des grandes Cours de l'époque, il a obtenu du roi de France l'autorisation d'apposer sur une des boules des armoiries des Médicis la *fleur de lys*. Latiniste, Pierre aimait les activités artistiques décoratives et il fut un grand collectionneur. Ses peintres préférés étaient D. Veneziano et B. Gozzoli auquel il confia la décoration de la chapelle du Palais Médicis. Il appréciait également L. della Robbia pour la préciosité de ses œuvres et l'originalité de l'association marbre et terre cuite vernissée, Michelozzo auquel il confia la construction du Tempietto dans l'église S. S. Annunziata, et la chapelle du Crucifix dans l'église S. Miniato al Monte.

Laurent (Florence 1449-1492), appelé **Laurent le Magnifique** par ses contemporains, a su faire prospérer Florence et, grâce à son extraordinaire politique de mécène, il a fait de la ville une « nouvelle Athènes ». Laurent a su réagir face au complot de ses ennemis – en particulier de Luca Pitti – qui tentèrent d'abattre son pouvoir, et à la très grave crise politique provoquée par l'arrivée des troupes pontificales et napolitaines en 1479. Sa très grande habilité et ses dons de médiateur lui permirent de s'allier rapidement avec le roi de Naples Ferrante et de mettre ainsi fin à cette difficile situation. Homme de lettres raffiné, il participait aux travaux de l'Académie Platonicienne et a écrit différentes œuvres en italien. Grand défenseur de l'art, il a suivi l'exemple de ses prédécesseurs. Parmi ses artistes préférés, il convient de mentionner Filippino Lippi, dont la réputation s'est consolidée grâce à lui, et A. del Verrocchio qui accueillit, dans son atelier d'orfèvre, de sculpteur et de peintre, Léonard de Vinci et le Pérugin, et dont on peut rappeler certaines œuvres : le tableau représentant le *Baptême du Christ*, la statue du *David* (exécutée pour la villa de Careggi et qui se trouve aujourd'hui au Bargello) et l'original *Putto tenant un dauphin* qui se trouve au Palazzo Vecchio. G. da Sangallo, l'architecte de prédilection de Laurent le Magnifique et interprète des idéaux aristocratiques et néoplatoniciens qui étaient en vogue à Florence à cette époque-là, a su intégrer et traduire dans ses projets les principes fondamentaux de la culture philosophique et son idéal de la forme parfaite. Rappelons que c'est à lui que Laurent a confié la construction de l'église S. Maria delle Carceri à Prato, la sacristie de S. Spirito et la villa médicéenne à Poggio a Caiano.

Fils de Laurent, **Pierre** dit **le Malchanceux** (Florence 1472 ?-Gaète 1503) n'a gouverné que de 1492 à 1494. Bien que cultivé et érudit, il était loin d'atteindre la stature de son père et commit une série d'erreurs politiques qui entraînèrent sa chute et le contraignirent à quitter Florence avec ses frères Julien et Jean, le futur pape Léon x.

Au lendemain de cet exil, le patrimoine de la famille (œuvres d'art, ameublement et manuscrits précieux) a été saccagé lors des émeutes populaires, ce qui constitua une très grande perte pour l'art et la culture de Florence.

L'exil des Médicis ne prit fin qu'en 1512.

Le retour des Médicis est marqué par l'arrivée au pouvoir de **Julien** (Florence 1479-1516). Fait **Duc de Nemours** par le roi de France, Julien n'est resté à la tête de Florence qu'un an, mais ses dons de médiateur et son honnêteté ont su faire naître un consensus général en sa faveur. En 1513, Julien part pour Rome afin d'assumer ses fonctions de Gonfalonier des armées pontificales, charge que lui a confiée son frère Jean élu pape sous le nom de Léon x (Florence 1475-Rome 1521).

Julien a été enterré dans la Nouvelle Sacristie de S. Lorenzo et c'est Michel-Ange qui a sculpté sa statue sur son tombeau.

Laurent, Duc d'Urbin (Florence 1492-1519), fils de Pierre le Malchanceux, s'était initialement montré fidèle à la ligne politique du pape Léon x, son oncle, qui lui accorda, en échange, quelques privilèges. Mais il n'a pas tardé à s'en détacher, montrant ainsi une ambition débordante envers le pouvoir.

Fils naturel de Jules de Médicis – c'est-à-dire du pape Clément VII (Florence 1478-Rome 1534), **Alexandre** (Florence 1511-1537) a été le premier duc de Florence. Rusé et vindicatif, il s'est montré très tyrannique ; il réussit à épouser Marguerite, la fille de l'empereur Charles Quint, mais il a été assassiné quelques mois plus tard par son cousin Lorenzino, dit 'Lorenzaccio'.

Au lendemain de l'assassinat d'Alexandre, c'est le très jeune **Cosme Ier** (Florence 1519-1579), fils de Jean des Bandes Noires, qui est appelé à gouverner. Très rapidement Cosme adopta une politique fondée sur l'alliance avec l'empereur d'Autriche. En 1539 il épousa Éléonore, fille du vice-roi de Naples Pedro da Toledo et il quitta le Palais de via Larga pour aller s'installer au Palais de la Seigneurie. Cosme a réussi à consolider la situation politique et économique du Duché : il a été à l'origine de l'agrandissement du duché grâce à l'annexion de Sienne ; il a créé une flotte de guerre et institué l'Ordre Militaire de Saint Étienne. C'est sous son gouvernement que les mines d'argent de Pietrasanta et les carrières de marbre de Carrare ont commencé à être exploitées ; il a obtenu une concession pour le travail de l'alun à Piombino et a installé un poste de défense à Portoferraio (port de l'île d'Elbe).

Grâce à cette politique, il obtint du pape Pie V le titre de grand-duc de Toscane en 1569. Toutefois, les grands succès de Cosme ont été assombris par la disparition, en 1562, de ses fils Jean et Garzia des suites d'une maligne fièvre et de celle de sa chère épouse Éléonore. Privé de la présence de sa fidèle conseillère qui, grâce à son intelligence et à ses richesses, avait su l'aider et avait su le défendre politiquement par l'intermédiaire des intercessions du pape, Cosme décida, en 1564, de se retirer de la vie publique et laissa le pouvoir à son fils François.

Dans le domaine artistique, Cosme a joué un rôle considérable en menant une véritable politique culturelle due à une volonté infaillible. En 1547 il lança les travaux de construction de la Loggia du Nouveau Marché et, un an plus tard, il décida d'ouvrir au public la Bibliothèque Médicéenne Laurentienne, achevée sous la direction de Vasari d'après un projet de Michel-Ange. En 1554, il fit installer le *Persée* de B. Cellini sous la loggia de la Seigneurie. En 1555, il confia à G. Vasari le soin de transformer le Palais de la Seigneurie en une demeure princière ; cinq ans plus tard, il demanda à ce même architecte de construire les Offices et le corridor (appelé précisément corridor de Vasari) entre le Palazzo Vecchio et le Palais Pitti, palais acquis en 1549 par Éléonore et agrandi par B. Ammannati. En 1563, il créa l'Académie des Arts et du Dessin, la première académie de ce type en Europe. Cosme a laissé son empreinte dans l'ensemble du grand-duché où il a fait construire de nombreuses forteresses et des ensembles fortifiés conçus par les architectes militaires de l'époque.

La dernière commande publique qu'il proposa à Vasari en 1574 est le cycle de fresques destiné à la décoration de la coupole de la cathédrale de Florence, mais ni lui, ni Vasari – tous deux décédés en 1574, ne réussirent à voir l'œuvre achevée.

 Le fils de Cosme, **François Ier** (Florence 1541-1587) a assumé la régence jusqu'à la mort de son père, avant de gouverner de 1574 à 1587. Réservé et taciturne, il réprima dans le sang un complot fomenté contre lui par les principales familles florentines et contribua ainsi à renforcer l'hostilité à son égard. Il tenta de poursuivre la politique menée par son père, en entretenant de bons rapports avec l'Espagne et l'Empire mais, en fait, il favorisa toujours ses grandes passions – la science et l'alchimie – aux dépens des affaires politiques ; il se livra aussi à des études de pharmacologie et de physique. Le nom de François est lié depuis toujours à celui de Bianca Cappello, une femme noble, d'origine vénitienne, d'une extraordinaire beauté, que le grand-duc aima sans compter au point de montrer en public et d'une manière ostentatoire leur liaison du vivant de son épouse, l'archiduchesse Jeanne d'Autriche. En 1578, deux mois seulement après la mort de celle-ci, Bianca Cappello est devenue à son tour la femme légitime de François et par là même, archiduchesse de Toscane. Les deux époux ont vécu ensemble jusqu'à leur mort survenue à quelques heures d'intervalle, le 21 octobre 1587, dans la ville de Poggio a Caiano.

Du point de vue artistique, le nom de François est lié au 'Studiolo' qu'il fit aménager près du Salone 'dei Cinquecento' du Palazzo Vecchio. Pour réaliser cette petite pièce conçue en fonction des rapports établis entre la nature et les principes fondamentaux de l'alchimie, le grand-duc a fait appel à des artistes de valeur tels que Vasari, Bronzino, Ammannati et Jean Bologne. Le résultat obtenu est une vraie merveille : le 'Studiolo' est orné de splendides panneaux peints derrière lesquels étaient cachés de petites armoires et des coffrets réservés aux objets rares et originaux. François aimait beaucoup également les cristaux, les pierres dures, la porcelaine et la céramique et il tenta même parfois de fabriquer des objets de ce type.

Son artiste de prédilection était l'éclectique Buontalenti, surintendant des travaux publics et expert talentueux dans différents domaines ; c'est à lui que François a commandé les objets les plus disparates (des coupes et des vases en pierres dures), des décors de théâtre, des mises en scène de fêtes avec ou sans feu d'artifice, une activité grâce à laquelle l'artiste pouvait montrer tout son talent et qui lui a valu le surnom de 'Bernardo des girandoles'.

Mais les chefs-d'œuvre du grand-duc ont été l'organisation des collections médicéennes aux Offices et la Tribune octogonale due à Buontalenti. François a été également à l'origine de la construction de nouvelles villas médicéennes, notamment celle de Pratolino projetée par Buontalenti et entourée d'un très grand parc, aménagé avec des grottes, des fontaines et des automates où se dresse le célèbre *Géant de l'Apennin* dû à Jean Bologne.

À la mort de François survenue en 1587, son frère **Ferdinand** Ier (Florence 1549-1609) qui avait été fait cardinal – conformément à la volonté de son père – à l'âge de 14 ans seulement par le pape Pie V, a renoncé à ses fonctions ecclésiastiques pour assumer celle de grand-duc. Ferdinand a été un souverain posé, qui a su rétablir un climat serein et reconquérir la confiance de ses contemporains. Grâce à une série de mariages, et notamment le sien avec Christine de Lorraine, il tenta de consolider le pouvoir de la famille des Médicis auprès des plus importants souverains européens. Il opéra un radical changement dans les alliances avec les pays étrangers car il renforça les liens avec la France au détriment des relations avec l'Espagne. C'est à lui que l'on doit la fondation, en 1588, de la Galerie des Travaux, futur Atelier des Pierres Dures, la construction du Forte Belvedere, des villas d'Artimino, de Montelupo et la villa Ambrosiana. Il demanda à Jean Bologne de sculpter le monument équestre de Cosme Ier, installé en 1594 sur la Piazza della Signoria, et à P. Tacca son propre monument destiné à la Piazza SS. Annunziata.

C'est à **Cosme II** (Florence 1590-1621) que l'on doit l'arrêt définitif des activités bancaires des Médicis et la réhabilitation de Galilée, auquel il attribua la chaire de mathématiques supérieures à Florence. Homme cultivé et souverain d'une grande générosité, Cosme II a mené une vie marquée par son état maladif ; il est mort jeune puisqu'il n'avait que 31 ans.

Il a été à l'origine de l'agrandissement du Palais Pitti réalisé par Giulio Parigi en 1618 ; son épouse Marie Madeleine d'Autriche fit reconstruire la villa dite de Poggio Imperiale, en raison de l'appartenance de Marie Madeleine à la famille des Habsbourg.

Le grand-duc introduisit à Florence de nouveaux courants de peinture qui se développaient alors en Europe et il invita J. Callot et F. Napolitano à Florence ; en 1620, il nomma J. Suttermans comme peintre officiel de la famille Médicis.

Avant de mourir, Cosme II laissa un testament très précis, précisant les conditions à respecter pour sa succession : il confiait la régence aux grandes-duchesses Christine de Lorraine et Marie Madeleine d'Autriche, respectivement grand-mère et mère de son fils, l'héritier légitime mais mineur. Florence s'apprêtait à subir des difficultés économiques dues à une chute des échanges commerciaux et à la terrible épidémie de peste qui frappa la ville de 1630 à 1633, et enfin aux conséquences des huit années de régence durant lesquelles les grandes-duchesses lapidèrent une partie très importante du patrimoine florentin.

C'est la raison pour laquelle **Ferdinand** II (Florence 1610-1670), placé à la tête du grand-duché dut organiser des services d'assistance sanitaire et sociale au profit de la population. Lorsque fut envisagée l'union du grand-duché de Toscane et du duché d'Urbin, il fut décidé que Ferdinand devait épouser sa cousine Vittoria della Rovere mais, en dépit de ce mariage, la réunion des deux États resta lettre morte à cause de l'opposition du pape Urbain VIII.

Homme cultivé et amateur d'art, Ferdinand II a fortement contribué au renouveau intellectuel de Florence : il a en effet donné une nouvelle impulsion à l'Académie de Dessin, à celle de la Crusca, des Alterati, des Immobili et des Infocati. En 1637 il fit aménager la façade de l'église Ognissanti ; trois ans plus tard, il fit installer la statue équestre de Ferdinand Ier sur la Piazza SS. Annunziata et confia à G. da San Giovanni, F. Furini, C. Bravo et O. Tannini le soin de décorer le grand salon de son appartement d'été au Palais Pitti. Il choisit l'artiste P. da Cortona pour les fresques de style baroque romain qui décorent l'appartement d'hiver dans ce même palais. Ferdinand II a reçu de sa femme de nombreux chefs-d'œuvre, en particulier les *Portraits des Ducs d'Urbin* de P. della Francesca, la *Vénus* du Titien et plusieurs tableaux de Raphaël. Enfin il a collectionné de manière systématique des horloges, des coffrets, des jouets et des objets en pierres dures, faisant preuve, dans ses choix, de beaucoup de goût.

Le grand-duc **Cosme** III (Florence 1642-1723) fut, contrairement à ses prédécesseurs, un homme d'une assez grande médiocrité, dont la présence à la tête du gouvernement pendant de longues années (1670-1723) a favorisé le déclin de Florence. Faible et bigot, il mit en place un régime de terreur sous lequel les Juifs ont été persécutés, fait unique dans la dynastie des Médicis.

Le seul mérite de Cosme III est d'avoir tenté de résoudre les difficultés dynastiques qu'a dû affronter la famille. Ses deux fils n'ayant pas eu d'enfants, il envisagea de confier le grand-duché à sa fille Marie Louise, Électrice Palatine, ce qui aurait garanti l'autonomie de la Toscane. Cependant, conformément à la décision prise par les grandes puissances réunies à Vienne en 1734, la Toscane passa aux mains des Lorraine.

Dans le domaine culturel et artistique, Cosme fit avancer les travaux de la Chapelle des Princes dans l'église S. Lorenzo ; son amour de la nature le conduisit à apprécier les natures mortes en peinture. C. Dolci, C. Zumbo, auteur d'œuvres très particulières représentant souvent des scènes macabres, comptaient parmi les artistes préférés.

Féru d'art et passionné de peinture vénitienne, le fils aîné de Cosme, Ferdinand, est mort prématurément en 1713. Il avait acheté de nombreux tableaux, en particulier la *Vierge au baldaquin* de Raphaël, la *Vierge des Harpies* d'A. del Sarto et la *Vierge au long cou* du Parmesan.

C'est **Jean Gaston** (Florence 1671-1737), le fils de Cosme, qui prit la tête du grand-duché en 1723. Sous son règne caractérisé par un certain laxisme dans les mœurs et une misanthropie assez marquée, Jean Gaston s'attacha à supprimer les lois discriminatoires introduites par son père et il fit construire le monument à Galilée dans l'église Santa Croce.

Anne Marie Louise (Florence 1667-1743), fille de Cosme III a été la dernière représentante des Médicis à régner sur la Toscane. Grâce à son mariage avec Jean Guillaume, elle devint Électrice Palatine. Ce fut une souveraine intelligente qui accomplit une action d'une grande générosité quelques années avant sa mort : en 1737 elle a en effet légué au grand-duché de Toscane l'immense patrimoine artistique constitué sous la dynastie des Médicis dont la réputation a pu devenir ainsi éternelle.

CARABINIERS (gendarmerie) : tel .112   SAMU : tel. 118

POLICE NATIONALE : tel. 113   POMPIERS : tel.115

✈ AEROPORT AMERIGO VESPUCCI (via del termine, 11) : tel. 055 30 615 ou 055 30 61 03 00

ATAF (autobus urbains) ; bureau d'information : Stand Ataf Piazza della Stazione ; par tel. : 'ProntoAtaf' 800 42 45 00 ; site internet : www.ataf.net. On peut faire un tour rapide de la ville à bord des autobus rouges à deux étages de la 'Firenze city sightseeing' en choisissant l'un des itinéraires proposés.

P PARKINGS : tel. 055 27 20 131 ; site internet : www.firenzeparcheggi.it

TAXIS : tel. 055 42 42 ou 055 43 90

TRENITALIA (Chemins de fer) service des renseignements : Piazza della Stazione, 1 tel. 055 21 19 956

LA POSTE Bureau central (via Pellicceria, 3) : tel. 055 21 81 56 (heures d'ouverture : lun.- ven. : 8h30-19h ; samedi : 8h30-12h30)

⚓ SITE DE LA VILLE DE FLORENCE : http://www.comune.firenze.it/

ⓘ OFFICE DU TOURISME DE FLORENCE (APT) Province de Florence Ville de Florence (via Cavour, 1r) : tel. 055 29 08 32 et 055 29 08 33

ⓘ BUREAU D'INFORMATIONS TOURISTIQUES (Piazza della Stazione, 4) : tel. 055 21 22 45

⤴ ITA (SERVICE POUR LA RÉSERVATION DE CHAMBRES D'HÔTEL), bureau de renseignements : dans le hall de la gare S. Maria Novella : tel. 055 28 28 93.

🏛 « FIRENZE MUSEI » : service de renseignements et réservations (Musées étatiques) : tel. 055 29 48 83 site internet : www.firenzemusei.it

🛍 MARCHÉ le mardi matin de 8h à 13 h: Parco delle Cascine (viale degli Olmi); Ce marché de fruits et légumes, de fleurs, de tissus, d'habillement et de vaisselle s'étend sur un parcours ombragé et sur 3 km de longueur.

🍽 **PLATS TYPIQUES DE LA CUISINE FLORENTINE :**

Ce sont : les *crostini*, petites tranches de pain grillé sur lesquelles est étalé du pâté de foie de volailles ; les *crostoni*, grosse tranche de pain au chou noir (chou typiquement toscan) ; la *finocchiona* (et sa variante plus molle la *sbriciolona*) qui est un saucisson parfumé au fenouil ; les *pappardelle* (pâtes) servies avec une sauce de sanglier ou de lièvre ; les divers types de soupes : *la ribollita*, préparée avec des haricots, du chou noir, des légumes et du pain ; la *pappa al pomodoro*, à base de pain rassis, des tomates et du bouillon; on la sert chaude avec un peu d'huile à cru et du basilic ; l'*acquacotta*, préparée avec du bouillon, du pain et des légumes, enrichie avec un œuf ; la *panzanella* qui est un plat estival préparé avec du pain rassis préalablement trempé dans l'eau froide, des oignons, des tomates fraîches, du basilic et de l'huile d'olive (il se mange froid) ; les *fagioli all'uccelletto*, haricots cuits à l'eau et sautés dans l'huile d'olive avec de la sauge, de l'ail et un peu de tomate ; la morue (*bacalà*). Parmi les viandes, il faut citer la côte de bœuf ; le *peposo* préparé avec de la viande de bœuf, du vin rouge, du poivre (*pepe*) et des épices ; les tripes (*trippa*) ; enfin le *lampredotto*, préparé avec la panse de bovin cuite dans un bouillon avec un bouquet garni, des épices et de la tomate. Parmi les desserts il faut mentionner : le gâteau de grand-mère (*torta della nonna*) ; le petit gâteau de riz (*budino al riso*) ; le gâteau de semoule ; les petits gâteaux secs à base d'amande (*cantuccini*) que l'on trempe dans un petit verre de vin blanc liquoreux (*vin santo*) ; les beignets (*cenci*) et la *schiacciata*, sorte de fougasse sucrée, parfumée à l'orange, préparée comme les précédents durant la période de Carnaval ; les *quaresimali*, petits gâteaux préparés durant le carême (d'où leur nom) avec du cacao et des zestes d'orange ; le *pan di ramerino* ou pain de romarin, le *castagnaccio*, un gâteau à base de farine de châtaigne sur lequel on étale la *ricotta*, un fromage blanc de brebis .

Parmi les très nombreux restaurants florentins, nous conseillons au lecteur : la *Buca Lapi* (via Trebbio, 1r) et la *Trattoria Da Ginone* (via Serragli, 35r) qui sont tous deux des restaurants de tradition familiale. Pour les gourmands, nous suggérons les sandwichs avec de la truffe chez *Procacci* (via Tornabuoni, 64r), les *bomboloni* (gâteaux frits et recouverts de sucre) servis toujours chauds chez *Cucciolo* (via del Corso, 25r) ; les sandwichs chez *Fratellini* (via de' Cimatori, 38r), les glaces de *Perchè no ?* (via dei Tavolini, 19r) et le chocolat chez *Hemingway* (piazza Piattellina, 9r).

[i] **Manifestations et fêtes traditionnelles :**
6 janvier - *Cortège des rois mages*
Cortège historique le long des principales rues du centre ville, avec des participants habillés en costumes Renaissance.
Dimanche de Pâques - *Explosion du char* (piazza del Duomo)
Après la messe solennelle célébrée dans la cathédrale, on lance une colombe mécanique qui vole en direction d'un char situé devant le parvis et rempli de feux d'artifices : en venant le heurter, la colombe provoque une explosion et, si tout se déroule comme prévu, ce sera, dit-on, une bonne année.
24 juin - Tournoi du *calcio storico fiorentino* (tournoi du football florentin) (piazza Santa Croce).
Après un cortège qui réunit 530 figurants habillés en costumes Renaissance, le tournoi a lieu avec les équipes qui représentent les quatre quartiers de Florence
24 juin - *Feux de la Saint Jean* (piazzale Michelangelo)
Fête de la Saint Jean, patron protecteur de la ville, avec feux d'artifices.

Shopping à Florence :
Florence est célèbre pour ses traditionnelles broderies (parmi les plus belles, citons celles de *TAF*, via Por S. Maria, 22r), pour la papeterie de luxe (*Giannini*, piazza Pitti, 37r), pour l'argenterie (*Brandimarte*, via Bartolini, 18r), pour le travail du cuir (*Parri's*, via Guicciardini,18r), pour les parfums (*Officina Profumo-Farmaceutica di S. Maria Novella*, via della Scala, 16), et de la soie (*Antico setificio fiorentino*, via Bartolini, 4).
Pour l'achat de bons vins, les meilleures adresses sont : *Enoteca Bonatti* (via V. Gioberti, 66r) et *Zanobini* (via S. Antonino, 47r).

Amis à quatre pattes : zones équipées dans le parc de la villa *Il Boschetto* (via di Soffiano, 11) et dans le *Parco delle Cascine* (viale degli Olmi). Tout propriétaire d'animaux domestiques doit en ramasser les excréments, sous peine de se voir infliger une amende.

Index
des lieux

achevé d'imprimer en mars 2006
par Genesi, Città di Castello
pour le compte de
sillabe